AF209761

© Heikki Toivanen

2025

Tiimistymisen taito – hierarkiasta tiimioppivaksi yhteisöksi

Kuvitus ja taitto: Timo Lehtonen

Kannen kuva: Juho Sallinen

ISBN: 978-952-80-9411-1

Kustantaja: BoD · Books on Demand, Mannerheimintie
12 B, 00100 Helsinki, bod@bod.fi

Kirjapaino: Libri Plureos GmbH, Friedensallee 273,
22763 Hampuri, Saksa

SISÄLTÖ

1. Tiimi oppimisen välineenä 5

2. Kohti tiimioppivia työyhteisöjä 10
   - Tiimiakatemia oppimisen edelläkävijä 10
   - Omat kokemukseni tiimeistä 13
   - Korona toi tehokkuutta tapaamisiin 16
   - Mielenmallien muutos 18
   - Merkityksellisyys työelämän ajureiksi 19
   - Tiimien jaettu visio on ajava voima 22
   - Oppija oppimisen keskipisteeksi 25

3. Miksi tiimi rakennetaan 29
   - Yhteistoiminta on ihmisen vahvuusalue 29
   - Pelosta rohkeuteen – johtajasta tai opettajasta tiimivalmentajaksi 29
   - Yhdessä oppivaan työyhteisöön 32
   - Oppimistiimi ja projektitiimi 33
   - Aika 36
   - Jaettu Visio 38
   - Pelisäännöt 38
   - Tiimisopimus 39
   - Tiimivalmentaja 40
   - Oppimissopimus – oman elämän suunnitelma 40
   - Omaan oppimiseen liittyvä lukeminen 41
   - Tekemällä oppiminen 41
   - Muutama empiirinen havainto ja kirjasuositus oman unelman toteuttamiseksi 48
   - Kulttuurinen muutos on sitkeyden ja määrätietoisuuden tie 45
   - Tiimioppiminen on kokemuksellista oppimista 46
   - Dialogi luo itseohjautuvuutta 48
   - Tietoteoria 50
   - Tiimitoiminnan organisointi 52

4. Tiimivalmentaja ja valmentava johtaja 54
   - Uudet johtamismallit 54
   - Tiimivalmentajan ja valmentavan johtajan ero 55
   - Eritahtisuuden hyväksyntä 57

5. Tiimivalmentajan lait 59

- Puuttumattomuuden laki 59
- Oppimisen hitaus 61
- Ohuen punaisen langan laki 62
- Oppimisympäristön laki 63
- Tiimivalmentajan oman roolin laki 64
- Asiakkuuksien laki 65
- Puuttumisen laki 67
- Rytmin laki 67
- Tiimivalmentajan ajattelu ja valmistautuminen 68

6. Sokrates ja tiimivalmentajan kompetenssit 70

- Tiimivalmentajan kompetensseista
- Ole kova oppimiskulttuurissa – pehmyt ihmisille

7. Aloitus on tärkein 76

- Tiimi rakentuu erilaisuuksien varaan 76
- Ensimmäinen kohtaaminen 79
- Tiimin luottamus ja viestintä 80
- Johtajuus ja merkityksellisyys tiimissä 81
- Suunnittelu tuo voimakkaan aloituksen 83

8. Tiimin rakentamisen vaiheet 87

- Tiimin vaiheet 87
- Tiimin toiminnan mittaaminen 91

9. Tiimityön haasteet ja synkkyys 96

- Hitaat oppijat 96
- Koko tiimin tai tiimialmentajan vinksahtanut mielenmalli 99
- Erikoisttilanteet tiimissä 101
- Synkkyyden torjunta 103

10. Oma luonne peliin 106

- Jokainen tiimivalmentaja ja valmennus on erilainen 106
- Tilat, kotipesä ja kohtaamispisteet 108
- Tietoinen läsnäolo – tyhjyys 111

Kiitokset

Olen tottunut saamaan asiat loppuun määräajassa ja täsmällisesti – olin noin 10 vuotta Valmetin paperikonetoiminnoissa töissä, ja Valmet on tunnettu täsmällisestä projektitoiminnasta. Tämä kirjaprojekti on edennyt täysin päinvastaisella tavalla. Elämässäni on tapahtunut niin paljon: olen ollut kolmen asunnon loukossa, yrityksilläni on ollut kaikenlaisia riemullisia haasteita, olemme uudisrakentaneet Pispalan harjulla vuonna 1902 valmistunutta taloa ja sen pihasaunaa, sekä hoitanut Tanssitehtaan vesivahinkoa. Minusta tuli 100 % isä ja pikkusiskoni menehtyi. Lisäksi minulla on ollut sivutoimina kaikenlaista muuta, kuten tämä kirja. Elämäni on jakaantunut kahdeksaan eri toiminta-alueeseen. Se on liian paljon. Siksi halusin tämän kirjan valmiiksi.

Tämä projekti alkoi juuri koronan saapuessa. Kirja valmistui vuoden 2025 alussa. Itse tajusin kirjan arvon, kun pidimme kansainvälistä Team Coach Boostia syyskuussa 2024. Yksi osallistuja kysyi, miten aloitan tiimioppimisen. Käänsin kolme kirjan sivua Google translatorilla, ja hän oli todella kiitollinen.

Olen koulutukseltani konepajainsinööri, ja omien empiiristen havaintojeni mukaan monia oppilaitoksia johdetaan kuten funktionaalista konepajaa. Opettajat ja opiskelijat ovat tuotantohyödykkeitä oppimisen tuotantolinjalla. Omilla aivoilla ei saa ajatella. Jos ajattelu vapautettaisiin, päästäisiin parempiin oppimistuloksiin kustannustehokkaammin. Siksi tämä kirjan sanomana on: ajattelu tulee vapauttaa!

Kiitos, Timo "Letim" Lehtonen, että "pakotit" tekemään tämän kirjan valmiiksi auttamalla taittamisessa, kuvituksessa ja painoon saattamisessa. Olet ehkä maailman kokenein ja aikaansaavin tiimivalmentaja. Kiitos, rakas vaimoni Irina ja rakas poikani Hugo, että annoitte minulle aikaa ja tilaa kaiken hässäkän keskellä tehdä kirjaa. Kiitos Sirkka-Liisa Heinonen sitkeästä kielentarkastuksesta lukihäiriöisen kanssa. Kiitokset kirjan kommenteista ja tuesta mm. Juha Wirekoski, Niina Palmunen, Teppo Kettula, Olli-Pekka Heinonen ja Milla Kinnunen. Suuri kiitos Tiimiakatemian perustajalle, opetusneuvos Johannes Partaselle – olen etuoikeutettu saadessani työskennellä kanssasi paremman oppimisen puolesta.

Pispalassa 19.1.2025

Heikki Toivanen TkT

1. Tiimi oppimisen välineenä

Asiakkaat lähes huusivat minulle ja kollegalleni yhteen ääneen: – Me itse teemme kaiken. Nyt tämä saa riittää! Mitä te valmentajat teette?

Sisäisesti olin erittäin tyytyväinen: asiakas oli oivaltamassa oleellista tiimivalmentamisesta ja valmentavasta johtamisesta. Oppijan, asiakkaan pitää itse tajuta ottaa vastuu omasta oppimisestaan.

Ulkoisesti tilanne vaikutti erittäin ongelmalliselta, kun kyseessä oli koko organisaation laajennuttu johtoryhmä, noin kaksikymmentä henkeä. Vihainen asiakas ei välttämättä ole tyytyväinen, vaikka oppiikin. Onnistuin rauhoittamaan tilanteen lupaamalla hieman enemmän rakennetta seuraavaan päivään. Tiimivalmennuksessa asiakas luo itse rakenteen esille nostamiensa teemojen ympärille. Me tiimivalmentajat luomme vain turvallisen tilan dialogille ja kokeiluille. Nyt lupasin hätäpäissäni tuoda teemoja seuraavaan päivään, kun asiakas oli hukassa oman hierarkkisen johtamisensa kanssa.

Kyseessä oli yön-yli-valmennus ja menimme seuraavaksi saunaan. Tarkoituksella päivämme ovat pitkiä ja niihin sisältyy myös epämuodollista oppimista maatilamatkailuyrityksissä. Ainakin tänä iltana tapahtui. Mietin jälkikäteen oliko ratkaisu oikea – olisiko pitänyt antaa asiakkaan ratkaista itse tilanne. Toisaalta minun on luotava turvallinen ympäristö ja siinä onnistuin. Mielessäni olivat Brené Brownin sanat:

Helppous on yliarvostettua. Helppo oppiminen ei kehitä vahvoja taitoja. Koulutusohjelmissa tavoitellaan suosiota, mikä on haitaksi oppimiselle. Oppimisen eteen on nähtävä vaivaa, että se olisi tehokasta. Mieli voi kipuilla kuten lihakset treenatessa.

Toisena päivänä tunnelma oli myötämielisempi, mutta en ole varma oppivatko osallistujat oikeita asioita. Kyseessä oli puolen vuoden prosessivalmennus, jonka jälkeen myönsin asiakkaalle, että en ollut onnistunut täysin tässä prosessissa. Siitä huolimatta tai juuri siitä johtuen he halusivat jatkaa yhteistyötä meidän kanssamme. Asiakas oli tyytyväinen oppimisprosessiin.

Tämäkin asiakas halusi pois hierarkisesta johtamismallista. Malli on kehitetty teollistumisen aikana 1900-luvun alussa. Siihen aikaan johtamiseen tarvittava tieto oli vain johdolla, ja vain heillä oli riittävä koulutus johtamiseen. Nykyään tieto on kaikkien saatavilla. Nyt työyhteisöjen työntekijät ovat yhtä koulutettuja tai jopa koulutetumpia kuin johtajat. Hierarkkisesta johtamismallista pitää luopua ja siirtää päätöksen teko työyhteisön jäsenille. Päätöksenteko tulee tapahtua tiimeissä. Tiimit ovat tulevaisuuden työyhteisöiden päätöksentekoyksikkö.

Olen peruskoulutukseltani konepajainsinööri. Työurani viisitoista ensimmäistä vuotta tein töitä teollisuudessa. Viimeiset viisitoista vuotta olen valmentanut työyhteisöjä. Minusta on hämmentävää, miten niihin on kopioitu toimintamalleja konepajoista. Monia yhteisöjä johdetaan edelleen kuten Henry Ford johti autotehdastaan 1900-luvun alussa. Monessa yrityksessä johtaminen perustuu hierarkiaan ja käskyttämiseen.

Hierarkkisesta johtamismallista poisoppiminen ei tarkoita kaaosta. Tämä rakenne on pyramidimainen ja päätösvalta on johtajilla. Tiimioppivassa johtamismallissa päätösvalta on tiimeillä, se on rakenteeltaan litteä ja siten tasa-arvoinen. Ensimmäiseksi tiimin ja yhteisön on tietysti oltava sopivan kokoinen toimiakseen: maksimissaan 20-25 opettajaa tai asiantuntijaa ja 200-300 oppilasta. Tätä isommassa yksikössä ihmisen eivät enää tunne toisiaan. Saman kokoinen tulisi olla myös asiantuntijayhteisön tiimi. Yksi esimies pystyy johtamaan ja valmentamaan kahta tiimiä. Työyhteisön kasvaessa yli 25 työntekijän kokoiseksi, pitää perustaa uusi yksikkö ja tiimi.

Olen lukenut useista lähteistä, että 200-300 ihmisen yksikkö on maksimikoko yhteisölle, jossa kaikki tuntevat toisensa. Omat havainnot tukevat tätä. Oulussa Ritaharjun koulu on rakennettu tällä periaatteella. Koulussa on noin 1400 oppilasta, mutta koulu koostuu erillisestä viidestä yksiköstä. Jokainen 200-300 oppilaan ja noin 25 opettajan yksikkö toimii tiimivalmentajan tai tiimivalmentajaparin johdolla varsin autonomisesti. Ritaharjun koulun johtaminenkin toimii parijohtamisen periaatteella – rehtori ja apulaisrehtori johtavat koulua yhdessä. Oikeasta rakenteesta alkaa tiimioppivan kulttuurin rakentaminen.

Tiimioppivassa yhteisössä on toiseksi maksimoitava säännöllinen dialogi eli aito keskustelu. Se on johtamismallin keskiössä. Dialogi vaatii reilusti aikaa, siksi tiimeille pitää varata siihen useampi tunti viikossa. Kolmas seikka on yhteinen tavoite eli jaettu visio. Tiimioppivan työyhteisön kirkkaan tavoitteen ja sääntöjen pitää kehkeytyä työyhteisöstä. Näistä muodostuu sen rakenne. Hierarkkisesta johtamismallista siirtyminen kohti tiimien valtaa mahdollistaa tiimioppimisen. Samalla tavalla opettajan tulee luopua omasta vallastaan ja siirtää oppimisen vastuu oppijoille. Vaatii taitoa rakentaa tiimioppiva kulttuuri. Kun oppijoilla ja tiimillä on vastuu, pitää tiimivalmentajan eli johtajan tai opettajan olla tarkkana oikeanlaisen oppimiskulttuurista.

Tiimin muodostuminen ja sen jaetun vision kehkeytyminen vaati johtamista ja tiimivalmentamista. Siksi kirjan nimi on Tiimistymisen taito. Tiimistyminen on uusi sana suomen kielessä. Se kehkeytyi prosessin aikana. Omien ajatuksieni mukaan se tarkoittaa "johdettua tiimin muotoutumisen prosessia, missä oppiminen, johtaminen, tiimin jaettu visio ja tiimin autonomia yhdistyvät". Tiimiytyminen on mielestäni "tiimistä lähtevää, ilman johtamista tapahtuvaa ja ilman jaettua visiota olevaa tiimin rakentumista".

Oikeanlaisen oppimiskulttuurin luomiseen tarvitaan:

1) Oikea tiimin ja yhteisön koko

2) Säännölliset dialogiset kohtaamiset

3) Jaettu visio

4) Tiimin keskenäisriippuvuus

Tiimien rakentamisessa tarvitaan tiimivalmennusosaamista. Tiimi tarvitsee tiimival-mentajan, joka kehittää sen itseohjautuvuutta, tai itse asiassa yhdessä ohjautuvuutta. Tiimi jäsenet ohjaavat ja johtavat yhdessä tiimiä. Tiimissä voi olla myös valmentava joh-taja eli tiimiliideri, kuten urheilujoukkueessa on valmentaja ja kapteeni. Tiimissä yksilö oppii nopeammin kuin itsekseen, sillä tiimi toimii yksilön oppimisen peilinä.

Tiimioppiminen on luultavammin ihmisen vanhin oppimisen muoto. Jo nuotiotulilla metsästäjäkeräilijät jakoivat ajatuksia edellisen päivän metsästyksestä ja suunnittelivat seuraavan päivän metsästystä. He oppivat yhteistyötä metsästämällä ja keskustelemalla siitä. Kirjallista tietoa ei vielä ollut. Nykyisin tiedon määrä on on niin suuri, ettei kukaan pysty hallitsemaan sitä. Erilaisissa ihmisissä on tarvittava tieto. Tiimissä on suuri viisaus.

Kreikkalaiset filosofit kehittivät nuotiokeskustelulle syvällisemmän sanan: dialogi. Dialogi muodostuu kahdesta kreikan kielen sanasta dia, läpivirtaus ja logos, merkitys. Dialogiin osallistuja ei valitse puolta, vaan ajattelee yhdessä muiden kanssa. Dialogi-nen ja oppijoista lähtöisin oleva oppimistapamme, tiimioppiminen, perustuu siihen, että tiimi on yksilön oppimisen väline. Tiimistä tulee luottamusyhteisö, jolta oppija saa palautetta vertaisiltaan. Aktiivinen oppija omaksuu uusia taitoja ja tietoja vuorovaiku-tuksessa tiimiläisten kanssa, lukemalla teoriatietoa omaan tarpeeseensa ja kokeilemalla oppimaansa. Tiimioppiminen on kokonaisvaltainen oppimistapa, jossa toiminta, tun-teet, aistihavainnot, keholliset kokemukset, yhdessä ajattelu, lukeminen ja omien tavoit-teiden kirjaaminen yhdistyvät. Tiimissä yksilö oppii monta kertaa nopeammin ja tehok-kaammin kuin yksin.

Tässä kirjassa on monta eri näkökulmaa, teoriaa ja tarinaa, jotka tarjoavat juuri sinulle inspiraation tiimitoimintaan. Tiimitoiminta ja oppiminen uivat niin monen eri ihmistie-teen välimaastossa, että yhtä ainutta teoriaa ei ole olemassa. Uuden ajan luovat yrittäjät, kuten englantilainen Grace Beverley tai suomalainen Perttu Pölönen, ovat tästä mainiot esimerkit. Heillä on noin 25-vuotiaan ihailtava rohkeus kertoa vankka omakohtainen näkemys yrittäjyydestä, oppimisesta tai tulevaisuudesta. Heidän kirjojaan luetaan mil-joonia, tai kymmeniä tuhansia, riippuen kielialueesta. Vankka akateeminen tutkimus on taas monesti hidasta ja varovaista, eikä siitä saa otetta tai apua tulevaisuuteen. Tämä kirja perustuu omakohtaisiin näkemyksiini, koettuihin teorioihin ja kokemuksiin. Tiimiop-pimista on testattu yli kolmekymmentä vuotta, joten tyhjältä pöydältä tässä ei lähdetä.

Tiimiakatemia Global Oy, eli me itse olemme valmentaneet yli 2000 tiimivalmentajaa pitkäkestoisissa valmennuksissa, ja menetelmää sovelletaan yli 20 maassa.

Tässä kirjassa käytän termiä tiimivalmentaja. Tiimivalmentajalla on oma tiimi tai tiimejä, joita hän valmentaa. Tiimivalmentaja voi olla titteliltään valmentaja, kouluttaja, opettaja, johtaja, päällikkö, esimies, asiantuntija tai yrittäjä. Yhä useammin olen tavannut ihmisiä, joita kutsutaan yksinkertaisesti tiimivalmentajiksi. Itse tiimiläisestä käytän termiä oppija, sillä tämän kirjan painopisteenä on nähdä tiimi oppimisen välineenä. Kirjan toisessa luvussa pohditaan tiimioppimista, miksi tarvitsemme tiimioppivaa kulttuuria. Kolmannessa luvussa sukelletaan tiimioppimisen periaatteisiin. Neljännessä luvussa pohditaan, mitä on olla tiimivalmentaja ja valmentava johtaja. Viidennessä luvussa tuodaan esille tiimin kulttuurin rakentamisen tärkeys. Kuudennessa luvussa tutkitaan tiimin kehitysvaiheita ja oppimismatkaa, sillä tiimivalmentajan tulee ymmärtää tiimistymisen kokonaiskuva. Seitsemännessä luvussa pohditaan tiimityön haasteita ja synkkiä puolia, joiden läpi tiimin on mentävä kehittyäkseen. Kirjan viimeisessä luvussa pohdin tiimivalmentajan omaa luonnetta, sillä jokainen meistä on erilainen ja meidän tulee toimia omien vahvuuksien kautta. Kutsumme tätä tiimivalmentajan karaktääriksi eli luonteen vahvuuksiksi.

Tiimi ja valmentaja. Minusta nämä sanat ovat väärin käytetyimmät sanat nykyään. Pitäisi paremminkin käyttää sanoja ryhmä ja kouluttaja. Tiimi eroaa ryhmästä siten, että tiimillä on jaettu visio, yhteinen sovittu päämäärä. Tiimi tapaa säännöllisesti. Tiimi on sopivan kokoinen. Ryhmä on joukko ihmisiä, jotka ovat tietoisia toisistaan. Valmentaja lähtee liikkeelle oppijan tarpeista ja on tietoinen tarvittavista tiedoista. Kouluttaja lähtee liikkeelle vain tiedoista, joita mahdollisesti oppijat tarvitsevat. Jos "oppimistilanteessa" "valmentaja" on äänessä enemmän kuin 20 prosenttia, hän on kouluttaja ja kyseessä on koulutustilaisuus. Tiimiä voidaan käyttää organisoinnin välineenä, oppimisen välineenä tai näiden yhdistelmänä. Kun tiimiä käytetään oppimisen välineenä, kyseessä on tiimioppiminen. Tiimivalmentaja ohjaa tiimin oppimisprosessia.

Tiimissä on erikseen tiimiliideri ja tiimivalmentaja. Tiimiliideri eli tiimin vetäjä vastaa tiimin operatiivisesta toiminnasta ja johtamisesta. Tiimivalmentaja valmentaa tiimiä. Samalla tavalla kuin urheilussa on joukkueen kapteeni eli tiimiliideri ja joukkueen valmentaja eli tiimivalmentaja.

Oppilaitos on minusta synkkä termi. Olen havainnut, että uudistuminen tapahtuu valitettavasti usein seinien ja talouden ehdoilla. Rakennetaan liian suuria yksiköitä, jolloin koulusta kasvaa kasvoton koulukone, jossa oppiminen on taylorisoitu. Kuvitellaan, että kaadettaessa opettajavetoisesti tietoa oppijan päähän oppimista tapahtuisi. Oppilaitosten on nyt aika uudistua ja muuttua yhdessä oppimisen eli tiimioppimisen yhteisöiksi.

Sama uudistumistarve on yrityksissä ja muissa yhteisöissä. Johtamisen tulee uudistua vastaamaan uusien sukupolvien vaatimuksia tasa-arvoisuudesta ja arvostavasta johtamisesta.

Tiimioppivassa yhteisössä on kolme keskeistä elementtiä:

1. Koko yhteisön jaettu visio, rakenne ja toimintakulttuuri.

2. Toimintakykyiset eli sopivan kokoiset tiimit (maksimissaan noin 25 henkeä).

3. Yhteisöllinen- eli tiimioppiminen, dialogi ja tekemällä oppiminen.

Taustalla tärkein piirre on luottamus. Pitää pystyä luomaa turvallinen ilmapiiri, jossa voi tehdä virheitä ja saada ne anteeksi. Luottamus syntyy avoimmuudesta ja kiinnostuksesta toisia ihmisiä kohtaan. Tämä kirja on suunnattu työyhteisöjen uudistajille ja oppiville johtajille. Kirjan ideana on tarjota teoriaan ja omiin empirisiin havaintoihin perustuen käytännönläheisiä ajatuksia ja tarinoita jähmeän organisaation muuttamiseksi oppivaksi yhteisöksi. Suomalaiset yhteisöt ovat lähteneet rohkeasti uudistumaan. Kerron tässä kirjassa omia näkemyksiäni, kuulemiani tarinoita ja omakohtaisia kokemuksia minä-muodossa. Yhdistelen niissä omia muisteloita, teorioita ja oppeja – jotkut voivat osua harhaankin, tai muistan tarinan väärin. Henrik von Wright (2002) muistelmateoksen nimi "Elämäni niin kuin sen muistan", kuvatkoon näiden tarinoiden ja teorioiden todenperäisyyttä. Viisaana filosofina von Wright siirtää nerokkaasti vastuun kirjan ymmärtämisestä kuulijalle. Kerran joku Tiimiakatemialla vieraillut kirjaviisas totesi: "Kyllähän tämä toimi käytännössä, mutta miten teoriassa?"

2. Kohti tiimioppivia työyhteisöjä

Tiimiakatemia oppimisen edelläkävijä

Oppivien organisaatioiden kehittäjä Peter Senge vieraili Tiimiakatemiassa 1990-luvulla ja oli ällistynyt: "Ensimmäinen oikeasti oppiva organisaatio maailmassa. Miksi näitä on niin harvassa?" Olen kuullut ja lukenut tämän tarinan monta kertaa. Olisin halunnut olla mukana, mutta en ollut. Olin silloin Japanissa, ja Suomen ammattikorkeakoululaitoksen synty oli minulle kaukainen asia. Johannes Partanen oli kyllästynyt opettamiseen, mutta hänellä oli intohimo oppimiseen. Johannes halusi ennen kaikkea uudistaa oppimista, ja ymmärsi Ammattikorkeakoulun idean sanojensa mukana hieman väärin. Johanneksen pettymykseksi Ammattikorkeakouluista tuli perinteisiä ja vanhaa pedagogiikkaa toteuttavia kandi-yliopistoja. Hänen ideanaan oli yhdistää oppiminen ja liike-elämä. Tästä liikeideasta ajatukset muokattiin, mutta Johannes ajatteli, että luokka 147 olisi kuin hänen oma yrityksensä ja hän hoitaisin sitä kuin omaansa. Silloin olisivat hänen molemmat uransa opettajana ja yrittäjänä symbioosissa. Tarina menee suunnilleen näin. Johannes Partanen teki käsin kirjoitetun A4-mainoksen ja laittoi sen koulun ilmoitustaululle:

"Haluatko lähteä maailmanympärysmatkalle ja siinä sivussa oppia hieman markkinointia. Tule luokkaan 147 19.1.93 klo 15.00." Luokan ovessa luki: "Varo astumasta sisään, sillä naamasi on virneessä virneessä loppuikäsi!"

Peräti 24 innokasta opiskelijaa ilmoitti halukkuutensa. Näin syntyi 19.1.1993 ensimmäinen opiskelijatiimi, "Round the Word Team" (RTW). Jyväskylän Rajakatu 37:n koulun alakerran luokasta numero 147 kannettiin siivoojien kauhistukseksi kaikki pulpetit käytävälle ja ryhdyttiin istumaan ympyrässä mukavissa nojatuoleissa kuten intiaanit leirinuotiolla. Toiminnan alkuvaiheessa sitä ohjaavat arvot Johannes toi opiskelijoille. Näistä muotoutui Tiimiakatemian arvoperusta. Arvoina olivat tekemällä oppiminen, käytännönläheisyys, jatkuvat kokeilut, jatkuva uuden synnyttäminen, oppiminen ja matkustaminen. Missiona oli työttömyyden poisto. Visiona oli oman unelman toteuttaminen ja työpaikan luominen. Muutoksessa oli kysymys halusta tehdä selkeä irtiotto ja pesäero perinteiseen opetukseen, jolle oli tyypillistä tiukat lukujärjestykset ja perinteinen luokkaopetus, jossa opiskelijat istuvat hiljaa ja passiivisena luokkahuoneissa kuuntelemassa opettajan luentoa. Luokkahuoneen oveen laitettiin motto:

Opiskelijoiden RTW –tiimi eli Round the World, tiimin jaettuna visiona on matkustaa maailman ympäri.

Se nostatti uuden innostuksen aallon Jyväskylän ammattikorkeakoulussa. 24 innokkaan ihmisen, 12 tytön ja 12 pojan, tiimi loi pysyvän uuden suunnan suomalaiseen organisaatioajatteluun ja tiimioppimiseen. Ensimmäisessä tiimistä yrittäjiksi ryhtyi noin puolet aloittaneista. Kaikki saivat töitä.

Tunnen suurta kunnioitusta Johannesta kohtaan. Tähän kirjaan on lainattu paljon hänen ajatuksiaan ja pohdintojaan. Johannes Partanen toimi ensimmäiset 20 vuotta kauppaopiston opettajana. Johannes on meritoitunut ja kokenut yrittäjä sekä opettaja. Hän sanoo, että nuo vuodet kuluivat hyväksi opettajaksi kasvamiseen. Seuraavat 20 vuotta, jotka hän toimi Tiimiakatemian päävalmentajana ja yrittäjänä, menivät poisoppimiseen opettajuudesta ja oman tiimivalmentajuuden synnyttämiseen.

Tiimiakatemia on toiminut lähes kolmekymmentä vuotta, ja tuloksia on syntynyt. Valmistuneista opiskelijoista 30-50 prosenttia ryhtyy yrittäjiksi (ammattikorkeakouluissa keskimäärin kolmesta viiteen prosenttiin). Tiimiyrittäjien (opiskelijoiden) osuuskuntien verotulot ovat parhaimmillaan kattaneet Tiimiakatemian toimintakustannukset. Toiminta on levinnyt Suomen lisäksi kahteenkymmeneen eri maahan. Tiimiakatemiasta mallia ottaneet Tampereen Ammattikorkeakoulun (TAMK) Proakatemia ja Baskimaan Mondragon Team Academy ovat menestyneet erinomaisesti. Tiimioppimisen menetelmää sovelletaan laajasti yrityksissä, yhteisöissä, peruskouluissa, ammattioppilaitoksissa ja korkeakouluissa. Asiantuntijat, yrittäjät ja johtajat soveltavat näitä menetelmiä työyhteisöissä. Yli 2000 ihmistä on käynyt pitkän Tiimimestari-valmennuksen ja yli 2000 lyhyemmän Tiimioppimisen startti-valmennuksen. Tiimioppimisen menetelmä antaa siis varsin kelvolliset eväät menestyä kompleksisessa modernissa työelämässä.

Tiimiakatemian syntyyn ja kehittymiseen ovat vaikuttaneet lukuisat kirjat ja niissä esiintyvät teoriat, joita on kuvattu liitteessä yksi. Brittien tiimivalmentajat saivat koostettua neljän kirjan sarjan Routledge Focus on Team Academy, jossa on noin 50 tieteellistä artikkelia Tiimiakatemiasta. Ensimmäinen Tiimiakatemia-kirja ilmestyi vuonna 2002 (Niina Leinonen - Timo Partanen - Petri Palviainen). Johannes Partanen koosti lukemistaan kirjoista ja käytännön kokeiluista tiimioppimisen periaatteet ja mallinnukset. Johannes on kuvannut kirjoissaan Tiimivalmentajan parhaat työkalut (2012), Välähdyksiä yksilön oppimisesta (2014), Mitä tiimivalmentajan tulee tietää innovoinnista? (2019), Asiakas keskiössä (2022), Brändi ja tarjooma (2022), Myynti ja markkinointi (2022) ja Kirja kirjoista 2022-23 (2023) tiimioppimisen periaatteet.

Tiimiakatemian pitkäaikainen tiimivalmentaja Timo Lehtonen on kirjoittanut monta erinomaista kirjaa tiimioppimisen metodeista, kuten Tiimiakatemia, kuinka kasvaa tiimiyrittäjäksi (2012), Ei enää koskaan yksin, teen ja opin tiimissä (2015) ja Tiimiakatemia - kuinka kasvaa tiimivalmentajaksi (2022). Timon kirja Digijalkakauppa (2019) on parhaita markkinoinnin kirjoja, mitä olen lukenut. Tämän kirjan kirjoittaja on tutkinut osana TEKES:n liideriohjelmaa nuorten johtamista ja kehittänyt Johannes Partasen kaverijohtamisen teoriaa Kaverijohtamisen innostuskirjassa (2014).

Tiimiakatemialla on keskeistä tekemällä oppiminen, lukeminen ja säännölliset dialogisessiot. Ajatuksena on, että jokainen tiimioppiva yhteisö rakentaa itse oman mallinnuksensa omasta tiimioppimisestaan. Perustana voi käyttää Johanneksen kehittämää Jyväskylän Ammattikorkeakoulun Tiimiakatemiassa käytössö oleva rakettimalli, joka on samalla tiimiyrittäjyyden synnyttämismalli ja yritystoiminnan kehitystoiminnan opinto-ohjelma. Rakettimallissa on kolme kaistaa: tiimin, asiakkaan ja yksilön oppimisen kaistat. Keskikaistalla ja keskiössä on asiakas. Toisella reunakaistalla on yksilö ja toisella tiimi. Perustan kaikelle muodostaa ensimmäisen tason oppiminen, toinen taso on johtaminen, kolmas innovaatio ja tieto ja neljäs brändi sekä tarjooma.

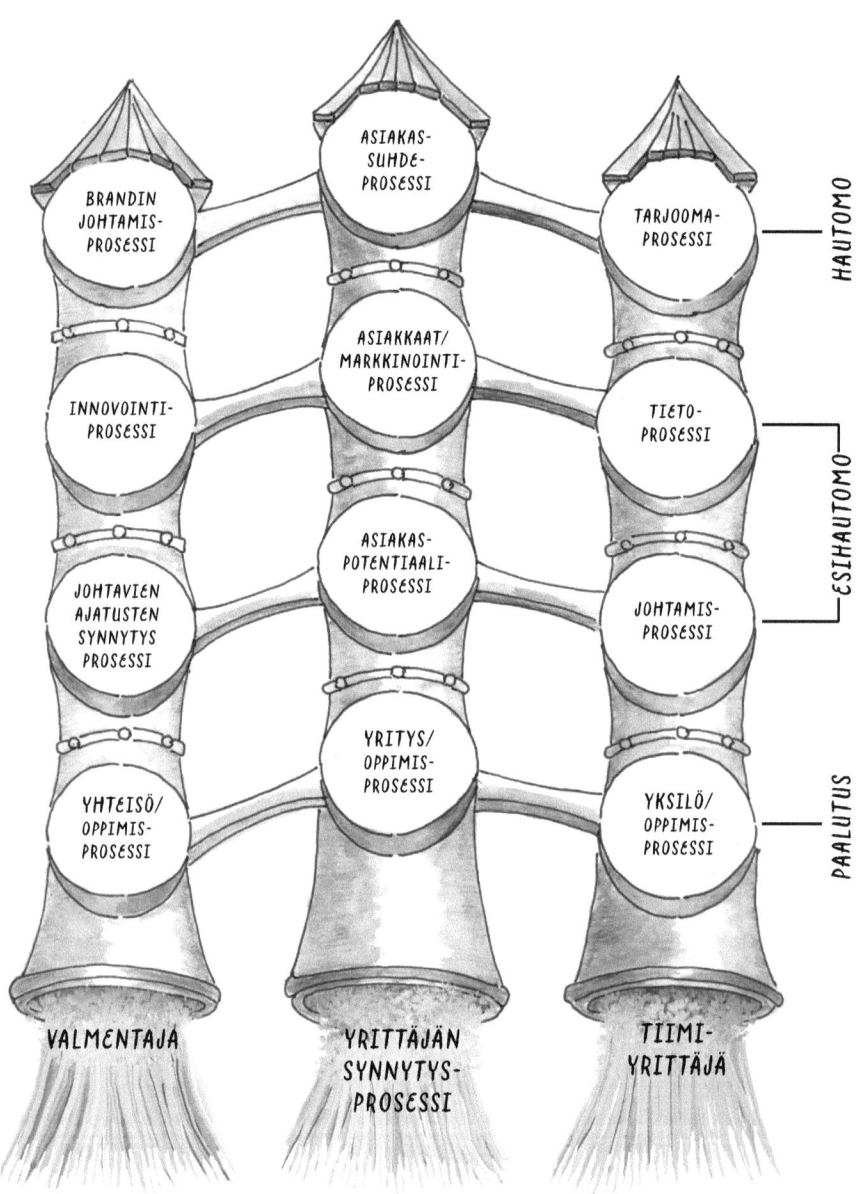

Kuva 1. Rakettimalli – Tiimiyrittäjyyden opetussuunnitelma

Omat kokemukseni tiimeistä

Elämäni muuttui vuonna 2008 kun aloitin työt Jyväskylän ammattikorkeakoulun Tiimiakatemiassa tiimivalmentajana – olin kyllästynyt ison yhtiön hierakiaan ja halusin luovuutta, vapautta ja uutta. Se oli hankala kohta elämässäni: kohtasin itseni. Pääsin Partus Oy:n (Johannes Partasen perustama yritys, nykyään Tiimiakatemia Global Oy) järjestämään Tiimimestari-valmennukseen ja löysin itseni: halusin yrittäjäksi ja tehtailijaksi. Kun olen myös konepajatekniikan DI, aloin etsimään konepajoja ja muita teollisia laitoksia tehtailijaksi pääsyn toivossa. Viiden vuoden etsimen jälkeen, vuonna 2014, Johannes pyysi minut Tiimiakatemia Global Oy:n toimitusjohtajaksi ja aivotehtailijaksi (osakkaaksi). Alku oli erityisen hankala. Tiimiakatemia Global Oy oli kriisissä ja laitoin kaiken omaisuuteni kiinni lainojen takaukseen ja osakkeiden ostoon. Seuraavat 3-5 vuotta kiikuimme henkiinjäämisen rajamailla. Monta vuotta meni hyvin, mutta nyt vuonna 2024 olemme uuden haasteen edessä, kun Suomi säästää oppimisesta.

Tietoinen huipputiimin rakentaminen on haasteellista. Vain 5-10 prosenttia tiimeistä nousee huipputiimin tasolle. Rakentaminen vaatii systemaattista työtä, tiimiläisten sitoutumista ja tiimivalmentajan taitavaa valmentamista. Kun pääsee osaksi huipputiimiä, siitä ei halua enää luopua. Tekemisen virtaus ja tuloksen tekeminen synnyttää uutta tulosta ja innostumista. Tarvitaan erilaisuutta, erilaisuuden sietämistä ja tiimin luottamuksen kehittymistä. Tiimi on tehokas oppimisympäristö. Vaikka se ei kehittyisikään huipputiimiksi, sen jäsenenä oppii tehokkaammin kuin itsekseen.

Olen saanut elämässäni kuulua muutaman kerran huipputiimeihin. Ensimmäisen kerralla olin pystyttämässä Savcorin liiketoimintaa Japaniin. Minä, juuri valmistunut innokas diplomi-insinööri ja hieman yli 50-vuotias japanilainen kokenut liikemies, kuulemma samurai-sukuun kuuluva Masao Shiga, muodostimme ydinparin. Hän opetti minulle liiketoimintaa ja sivistyneitä käytöstapoja. Meitä täydensi Savcorin omistaja ja toimitusjohtaja Hannu Savisalo, joka tuki meitä varauksetta reilussa yrittäjähengessä. Mayumi, suomea puhuva sihteerimme täydensi tiimiämme huolehtimalla käytännön asioista. Meillä ei ollut mitään kirjallista tiimisopimusta tai tiimin pelisääntöjä. Kirjaamattoman tiimisopimuksen tavoitteena oli juurruttaa Savcorin liiketoiminta Japaniin ja tehdä parhaamme koko ajan. Kävimme Masaon kanssa dialogia ainakin pari kertaa viikossa illallisilla. Reflektoimme tiimimme onnistumisia ja suunnittelimme seuraavia askeleita. Hannu Savisalo vieraili Japanissa parin kuukauden välein. Tällöin pohdimme yhteisillä illallisilla mennyttä ja tulevaa. Mayumi oli niissä mukana silloin tällöin. Päivisin pienessä toimistossamme jokainen tiesi koko ajan, missä mennään. Olimme pieni viiden hengen projektitiimi. Saimme nostettua liiketoiminnan nollatasosta taloudellisesti kannattavaksi kolmessa vuodessa. Savcor on vieläkin mukana Japanissa.

Toisen kerran olin mukana huipputiimissä, kun pääsin Valmetille synnyttämään uutta liiketoimintaa. Aloitin kaavinliiketoiminnan globaalina tuotepäällikkönä tyhjältä pöydältä. Minulle selvisi muutaman kuukauden päästä, että ensimmäisen vuoden myyntibudjettini oli miljoona Suomen markkaa. Olin hieman järkyttynyt, koska se perustui vielä keskeneräisen tuotteen myyntiodotuksiin. Kovan taistelun jälkeen sain tuotteen testiin Jämsänkosken maailman nopeimmalle paperikoneelle.

Asiakas totesi: – Ei mitään uutta, vähän heikompi kuin Pinaltekin tuotteet. Heillä on sentään uudenlainen logistiikkakonsepti, jolloin terien käsittely on paljon helpompaa.

Tästä palautteesta innostuneena soitin Pinaltekin toimitusjohtaja-yrittäjälle. Meillä synkkasi heti. Ehdotin ensimmäisessä tapaamisessamme, että Valmet ostaa yrityksen enemmistöosuuden ja toimitusjohtaja-yrittäjä jää vähemmistöosakkaaksi. Silloinen esimieheni tuki suunnitelmaani varauksetta. Näin meistä tuli kolmen henkilön ydintiimi. Liiketoiminta kasvoi merkittävän kokoiseksi. Meidän tiimimme vahvuus perustui dialogiin – vietimme saunailtoja säännöllisesti yhdessä. Noudatimme dialogin periaatteita: puhuimme suoraa, välillä kyllä huutaenkin, ja kunnioitimme toisiamme, vaikka olimme todella erilaisia. Ensimmäinen oli Valmetin suoraselkäinen insinöörijohtaja, toinen asiakaslähtöinen, määrätietoinen yrittäjä ja minä kolmantena, hieman akateeminen, jotain kansainvälisyydestä ymmärtävä, strateginen kaverijohtaja. Kuuntelu ja odotus jäivät vähän vähemmälle – toimimme heti. Siitä syntyi useita virheitä, jotka sallimme.

Olen käynyt Italiassa niin kutsutulla myyntimatkalla, mutta se oli viini- ja Illalliskiertue. Olen pilannut Australian markkinat ja rakentanut turhan kierrätysteräverstaan Saksaan. Onnistuimme tuomaan markkinoille uuden kaavinterämateriaalin, jonka ainoa etu oli kustannustehokkuus. Itse terämateriaali ei toiminut kunnollisesti telojen puhdistamisessa. Nämä kaikki virheet sallimme. Toisaalta uudistimme ruostumattomaan teräkseen perustavaa paperikoneteknologiaa tuomalla siihen komposiittirakenteet. Ensimmäisten kokeilujen jälkeen lanseerasimme markkinoille täysin uudenlaiset kaavinterämateriaalit, komposiittiset kaavinterien pitimet ja uudistimme terävien terien käsittelyn ja logistiikan tehtaille. Nousimme oman toimialueemme patenttien määrässä markkinajohtajaksi, mikä kuvaa meidän onnistumistamme. Itsellekin kertyi noin 20 patenttia – lähes kaikki tiimin kanssa yhdessä keksittyjä. Ydintiimimme kasvoi ja siihen tuli mukaan lisää huipputyyppiä. Se aika oli ihanaa aikaa, mutta isossa korporaatiossa organisaatiot vaihtuvat.

Minusta tuli paperikoneiden varaosapalveluiden vastaava päällikkö. Euroopan laajuisessa osastossamme oli noin 50 henkeä. Esimieheni olivat fiksuja ja sain avukseni neljä muuta päällikköä, koska ison yksikön johtaminen vaati erilaisen rakenteen luomista. Jaoimme osastoni henkilökunnan neljä pienempää ryhmää, joista jokainen sai oman vastuualueensa. Tällä tavalla hierarkioita rakennetaan. Ryhmät muodostettiin organisoinnin näkökulmasta, ei oppimisen. Tiimien oppimisen ja organisoinnin yhdistäminen vaatisi erilaisen rakenteen. Olin hukassa. Tiimimme oli vasta rakentumassa, kun organisaatio taas muuttui.

Olin pitkään pohtinut väitöskirjan tekemistä. Tapasin innostavan professori Juha Näsin. Ehdotin hänelle, että tekisin väitöskirjan. Hän antoi minulle Henry Mintzbergin kirjan The Rise and Fall of Strategic Planning ja pyysi tekemään siitä lyhennelmän. Sain väsättyä sen ja professori Juha Näsi hyväksyin minut jatko-opiskelijaksi. Samalla siirryin kehittämään Valmetin globaaleja toimintoja. Aloitin väitöskirjan valmistelun paperi- ja sellukoneteollisuuden kehittymisestä 1970-luvulta 2000-luvulle vuonna 2001 työn ohessa.

Sain opintovapaata vuodeksi 2005. Väitöskirjavuosi oli todella innostava. Heräsin aamulla aikaisin, viimeistään viiden aikoihin ja aloin kirjottaa. Sain sovittua kaikkien paperi- ja sellukonetoimialan keskeisten yrityksien johtajien kanssa haastattelut. Päämääräni oli päästä Valmetin pääkonttoriin. Professorini ja minä muodostimme kyllä hyvän tiimin. Hän painoi minut läpi tieteellisen tuskan. Päämääräni päästä pääkonttoriin ei toteutunut. Tosin Valmet osti Kvearnerin ja erityisesti sen kattilatoiminnat luultavammin väitöskirjani ajatusten perusteella. Palasin taas kaavinliiketoimintaan ja sen globaaliksi johtajaksi. Sitten organisaatio jälleen muuttui. Minusta tuli globaali viisastelija. Kyllästyin hierakiseen johtamiseen ja hain Tiimiakatemiaan tiimivalmentajaksi.

Menin Jyväskylän ammattikorkeakoulun Tiimiakatemian haastatteluun asiakirjasalkku täynnä omasta elämästä kertovia dokumentteja, kuten valokuvia, minua innostavia kirjoja, väitöskirja ja diplomityö. Pöytä oli kukkuralla ja Johannes Partanen oli innoissaan. Näin minusta tuli Tiimiakatemian tiimivalmentaja. Pääsin valmentamaan. Luulin ymmärtäväni jotain valmentavasta johtajuudesta ja tiimien rakentamisesta. Teoreettinen ymmärrykseni oli varsin rajallinen, vaikka olin tehnyt väitöskirjan strategiasta. Opin lukemaan. Opin valmentamaan virheiden kautta. Innostuin. Tajusin tiimimestari-valmennuksessa, että halusin tehtailijaksi, yrittäjäksi ja toimitusjohtajaksi. Koska konepajatekniikan diplomi-insinööri olen, niin aloin etsiä sopivan edullista konepajaa ostettavaksi omaksi yritykseksi. Niitä oli harvassa.

Johannes Partanen oli perustanut Partus Oy:n samoihin aikoihin kuin Tiimiakatemia aloitti toimintansa. Vuoteen 2010 asti Partus eli Tiimiakatemia Global valmensi yrittäjiä. Rekisteröity Tiimiakatemia-brändi oli tullut Partus Oy:n haltuun, koska Jyväskylän Ammattikorkeakoulu ei halunnut jatkaa 1990-luvun lopulla tehtyä Tiimiakatemia-nimen rekisteröintiä. Siitä lähtien Tiimiakatemia Global Oy on keskittynyt valmentamaan tiimivalmentajia. Valitettavasti myynti ja markkinointi unohdettiin. Vuonna 2014 yritys oli ajautunut kriisiin – edellinen toimitusjohtaja lähti pois nopealla aikataululla. Johannes pyysi minut toimitusjohtajaksi haun kautta. Ennen kuin aloitin, kävin hakemassa ensimmäisen kassalainan eli käyttöpääomarahoituksen yrityksen toiminnan turvaamiseksi. Toisen kassalainan hakemisen aikaan minulle ehdotettiin myös isoa osakkuutta.

Näin minusta tuli aivotehtailija. Tiimin rakentaminen alkoi. Työntekijämäärä on kasvanut kolmesta viiteen. Tiimin rakentaminen ei käy nopeasti. Se vaatii dialogia, määrätietoisuutta ja kärsivällisyyttä. Joskus tulee myös virheitä rekrytoinnissa, sillä huipputiimissä erilaisuudet täydentävät toisiaan.

Korona toi tehokkuutta tapaamisiin

Latte macchiato. Sitä on kaksi annosta kahvitermosmukissani kiiruhtaessani autoon aamulla klo 6.45. Olen oppinut sijoittamaan ensimmäisenä kahvimukin sille varatulle paikalle auton telineeseen. Kerran toimin toisinpäin, laitoin kahvimukin ensin auton katolle ja tavarat sisälle takapenkille sillä seurauksella, että täysi kahvimuki kaatui puvun takille. Kävin hakemassa uuden takin ja lähdin matkaan. Sainpa sinä aamuna erinomaisen asiakaskokemuksen, kun vein takin suoraan pesulaan ohi palvelupisteen. Ihme, että joku vastasi puhelimeen aamutuimaan ja suostui ottamaan asiakkaan vastaan ohittaen virallisen palveluprosessin: takki meni suoraan pesulan tuotantoprosessiin. Ihminen on oppivainen otus, siksi hän on selvinnyt hengissä. Ihminen oppii toisilta ihmisiltä.

Käynnistän auton. Suuntaan Pyynikiltä mäkeä alas Pyynikintorille. On melko aikainen aamu – hieman ennen seitsemää. Näen Rellun eli Tampereen lyseon – erittäin kaunis kaareva rakennus. Nouseva aurinko tekee pinnan jylhäksi ja komeaksi. Mielessäni välähtää Frans Emil Sillanpää, jonka patsas avautuu kirjana Lyseon edessä. Hän edustaa mielessäni entisaikojen luovien alojen yrittäjää, joka lähti Hämeenkyröstä vaatimattomista oloista ja taisteli itsensä Nobel-kirjailijaksi. Otan pienen annoksen latte macchiatoa – kunnollista kahvia. Olen ikuisesti kiitollinen vaimolleni, joka pakotti hankkimaan Reinhardin meidän kotiimme avioliiton kolmanneksi pyöräksi. Olen nimennyt Reinhardiksi meidän Miele-kahvikoneemme. Reinhard oli toinen kodinkoneyritys Mielen perustajista.

Saavun Pyynikintorille. Miljöö on kaunis, vaikka kaikki parkkipaikat ovat täynnä kuten tavallisesti. Toria ympäröivät vanhat kerrostalot, ja tien toisella puolella aukeaa näkymä Amuriin, Tampereen työväen asuntoalueelle. Ravintola Heinätori, entinen Vaakahuone vuodelta 1914 on ihan vieressäni. Siinä punnittiin heinäkuormat ja ruokittiin hevosia, kun tori palveli Tampereen kaupungin asukkaita kauppapaikkana.

Paikalla on pari nysseä eli Tampereen kaupungin linja-autoa. Pysäytän auton. Nousen autosta. Sieltä työkaverini saapuukin kävellen. Halaamme kuten meillä on Tiimiakatemiassa tapana. Hän nostaa reppunsa takakonttiin ja valitsee takapenkin. Vaihdamme muutaman sanan ja kysymyksen viikonlopusta. Hän on saanut hieman huonosti unta. Korona huolettaa. Lähdemme liikkeelle. Aamupalaverimme alkaa yhdeksältä Jyväskylässä. Auringon nousevat säteet tekevät kevättalvisen maiseman erittäin kauniiksi. Keskustelemme matkalla, mitä korona oikein tarkoittaa meille.

Saavumme Jyväskylään, Suomen Ateenaan. Meillä on toimistot Jyväskylän ja Tampereen Crazy Towneissa. Crazy Town on uuden ajan yhteisöllinen työyhteisö. Tilat omistaa yksityinen Mikko Markkasen perustama yritys. Mikko on Jyväskylän Ammattikorkeakoulu Tiimiakatemian kasvatteja. Jokaisella yrityksellä siellä oma työtila, lisäksi yhteiskäyttöön on tarjolla neuvotteluhuoneita, kahvipiste, esiintymislava ja hiljaisen työn tiloja. Jyväskylän Crazy Townissa toimii noin 100 yritystä, jotka hakevat voimaa toisiltaan. Meillä on tapana pitää dialoginen aamupalaverimme maanantaiaamuisin joko Jyväskylässä tai Tampereella.

Marssimme Crazy Towniin eli hulluun kaupunkiin. Se sijaitsee entisen tavaratalo Anttilan tiloissa, ihan Jyväskylässä keskustassa. Minua aina sävähdyttää tänne saapuminen. Tilassa on luovan tilan elementit. Siellä on innostavia ja nimensä mukaisesti sisustettuja työtiloja kuten Akvarelli, Metsä, Keidas ja Man Cave. Sisääntulo aukeaa yleisiin kahvittelu- ja työskentelytiloihin. Takana on esiintymislava. Oikealla on venyttely- ja voimistelutila. Meille on varattu Karnevaali niminen tila. Siellä on tilavarausjärjestelmän mukaisesti luova ja värikäs tunnelma. Erityisesti tänä aamuna tarvitsemme juuri tällaisen ympäristön kokoontumisellemme.

Aloitamme aamupalaverin 16.3.2020 kello yhdeksän sisäänkirjautumisella eli check-in:llä kysymällä, mitä kullekin kuuluu? Käymme kierroksen läpi kaikkien kohdalta, tosin lyhyesti johtuen erikoisesta tilanteesta. Jokainen avaa hieman omaa viikonloppuaan, kertoo jotain edellisen viikon tapahtumista, arvioi katsomaansa elokuvaa tai lukemaansa kirjaa. Kaikkien mieltä painaa päivän uutinen poikkeuslaista, joka on tulossa voimaan illalla. Mitä tämä tarkoittaa meille? Suomen hallitus julistaa poikkeustilan Suomeen saman päivän illalla. Lähes kaikki lähikohtaamiset pitää lopettaa. Meidän yrityksemme toiminta perustuu lähivalmennuksiin maatilamatkailuyrityksissä. Tämä tarkoittaa toimintamme loppua, jos emme keksi jotain muuta. Päätimme tiimistyä entistä voimakkaammin ja keksiä uutta.

Lopetamme aamupalaverimme ja käymme lounaalla. Iltapäivällä meillä tamperelaisilla on erikseen muutamia palavereita. Lähdemme kolmen maissa autolla takaisin kohti kotia. Saavun takaisin Pyynikintorille viiden jälkeen. Olen käyttänyt kahden ja puolen tunnin tapaamiseen kymmenen tuntia. Jälkikäteen ajateltuna tämänkaltainen matkustaminen ja ajankäyttö on ihmisen tärkeimmän resurssin, ajan, todellista hukkakäyttöä. Nykyään pidämme joka maanantaisen kahden ja puolen tunnin palaverin etänä. Lisäksi meillä on päivän kestävä tapaaminen kerran kuussa kasvotusten Tampereen ja Jyväskylän puolivälissä sijaitsevassa Morvan maalaishotellissa.

Mielenmallien muutos

Suomen hallitus oli siis julistanut koronan takia poikkeustilan Suomeen. Käytännössä koko liikevaihtomme hävisi tällä päätöksellä. Talvi oli mennyt kohtuullisesti ja meillä oli sovittuna useampia pitkien lähivalmennuksien aloituksia loppukeväälle. Tämä tarkoitti, että kassatilanteemme oli yht'äkkiä melkoisen heikko. Ehdotin, että kokeillaan etävalmennuksia. Investoidaan loput rahamme kunnon etäjärjestelmiin. Yritämme oppia tiiminä, miten tämä voisi olla mahdollista.

Porukka lähti mukaan. Ajatus vaikuttavasta tiimivalmennuksesta etänä oli täysin absurdi. Mielenmallimme oli, ettei tiimivalmennusta voisi tehdä mitenkään etänä. Kaiken lisäksi meillä oli yksi asiakas, joka vaati ehdottomasti valmennuksen pitämistä seuraavalla viikolla. Siitä syntyi meille sisäinen slogan: asiakkuuksien laki on vahvempi kuin valmiuslaki. Meillä ei ollut vaihtoehtoa. Päätimme investoida kunnolliseen dialogiseen digitaaliseen alustaan eli Howspaceen[1] ja kunnolliseen etäohjelmaan eli Zoomiin[2]. Business Finland avasi tukipaketit nopeasti. Haimme tukea toiminnan kehittämiseen samalla viikolla. Päätöskin tuli ripeästi. Business Finland auttoi meidät pelastamaan yrityksemme.

Ainoa haaste ei ollut valmennuksien pitäminen etänä. Uskomme hitaaseen oppimiseen. Järjestämme sekä päivän, että kolmen päivän pituisia valmennuksia. Niistä olemme rakentaneet puolen vuoden ja puolentoista vuoden prosesseja. Etäasiantuntijoiden mukaan 45 minuutin välein olisi pidettävä vartin tauko, ja muutama tunti olisi maksimiaika verkko-opetuksessa. Lähdimme kokeilemaan ensimmäistä tiimivalmennusta kahdessa kolmen tunnin mittaisessa pätkässä. Yksi kokeneimmista tiimivalmentajistamme selvisi urhoollisesti tästä kokeesta. Meille tuli kiire. Osallistujat olivat tyytyväisiä, mutta me emme. Vaikuttavuus uhkasi jäädä liian kevyeksi. Tiimivalmentajien pitää pystyä luomaan turvallinen ja luottamuksellinen oppimisympäristö. Kuinka ihmeessä voimme tehdä sen verkossa ja etänä?

Päätimme jatkaa rohkeasti kokeiluja. Perustimme tiimivalmentajien Howspacen digikotipesän, johon kutsuimme mukaan tiimivalmentajien verkostosta innokkaimmat. Mukaan liittyi peräti 50 asiasta innostunutta. Uskoimme, että verkossa voidaan tehdä samat asiat kuin livenä. Aloimme pitää tiimivalmentajien dialogisessioita etänä ja rakensimme tästä meille itsellemme oppimisprosessin. Pidensimme pikkuhiljaa verkossa tapahtuvia dialogisessioita eli tiimivalmennuksia. Ensin kaksi kokonaista päivää ja lopulta peräti kolme. Nyt toimimme hyvin pitkälti etänä, samalla tavalla kuin lähivalmennuksissa. Kehitimme myös hybridimallin, jolloin osa voi olla etänä ja osa läsnä luomuna. Se vaatii hyvän 360° kameran eli pöllön (Owl Pro®), aktiivista kuvien päivittämistä digialustalle ja kaikkien osallistujien huomioimista.

---

[1] Howspace on digitaalinen ja dialoginen oppimisalusta. Lisätietoja www.howspace.com

[2] Zoom on edistyksellinen etäohjelma, jossa kuvan ja äänen käyttö sekä pienryhmätyöskentely ovat helppoa. Lisätietoja www.zoom.us.

Päätimme, että emme siirrä enää yhtään valmennusta. Toteutimme siitä lähtien kaikki valmennukset etänä, koko korona-ajan. Kun tuli uusi normaali, pidämme osan valmennuksista etänä, osan hybridinä. Kun valmennusprosessimme kesti kaksi vuorokautta, olimme linjoilla 48 tuntia. Me ja asiakkaamme ovat oppineet etänä toteutettavaan dialogiseen kohtaamiseen erittäin hyvin. Suurimpana haasteena ovat etätyön häiriöt kotona. Jotkut oppijat ovat järjestäneet kotiolonsa rauhalliseksi kahden vuorokauden ajaksi. Itse olen onnellisessa asemassa, kun minulla on työhuone kotona. Oman työn ja arjen muotoilu ovat tässä avainasemassa. Etätyön tekijöiden suhtautuminen digitaaliseen läsnäoloon on myös hyvin erilainen. Muistan tapauksen, jossa henkilö oli lähtenyt katsomaan uutta mökkiä ja oli puhelimen kautta olevinaan läsnä ajaessaan autoa. Toinen henkilö oli yksin kotona kolmen lapsen ja kotieläimien kanssa. Kun lapset tulivat kotiin koulusta, eläimet olivat menehtymäisillään pakkaseen ja nettiyhteys pätki. Oppijan keskittyminen oli todella heikkoa. Kolmas henkilö lähti itsekseen edellisinä päivänä omalle mökilleen, järjesti sinne kaikki työtarpeet, ruuat, juomat ja sanoi valmennuksen jälkeen, että tämä valmennus on parempi etänä kuin livenä. Hänen mukaansa ainoa häiriötekijä oli hänen oma vilkas mielikuvituksensa. Kotiolojen ja etätyön yhdistämisessä meillä on vielä paljon opittavaa.

Merkityksellisyys työelämän ajureiksi

Kiitos, korona, kiitos. Pakotit meidät etätöihin ja jouduimme yhdistämään työn ja kodin. Tämä muutos on aloittamassa uuden vaiheen työelämän uudistamisessa. Perinteisten konttorien arvo vähenee merkittävästi. Tietotyö tulee siirtymään koteihin ja yhteisöllisiin työtiloihin, joita käytetään satunnaisesti. Tietotyöläiset tulevat tekemään ajasta ja paikasta riippumatonta työtä. Muutos on vaativa johtamisen ja tekijöiden näkökulmasta.

Vanhakantaisilla eli tayloristisilla periaatteilla toimiva johto ei osaa määrittää sopivaa tapaa oppia. Valta työn johtamisesta pitää luovuttaa tekijöille, erityisesti tiimeille, ei yksilöille. Työyhteisöjen on muututtava yhteisöohjautuviksi. Itseohjautuvuutta ei ole olemassa. Keskeistä on työyhteisöjen oppiminen ja tiimioppiva kulttuuri. Työkulttuurimme muuttuu. Tiimi ei ole vain organisoinnin vaan oppimisen, kasvun ja kehityksen väline.

Uusi tiimioppiva kulttuuri mahdollistaa ihmisen merkityksellisyyden, psykologisten perustarpeiden eli autonomian, yhteisöllisyyden ja henkilökohtaisen mestaruuden toteutumisen. Johdon pitää pystyä luomaan psykologinen turvallisuus työyhteisöön. Kyllä, autonomia tarkoittaa sitä, että tietotyöläinen eli opettaja voi itse päättää omasta työajastaan ja omasta ajankäytöstään. Juuri näin olemme toimineet keväästä 2020 alkaen. Jokainen määrittää omat työaikansa. Meillä on dialoginen aamupalaveri joka viikon maanantai. Soitan viikottain kaikille yrityksemme asiantuntijoille ja kysyn tarvetta johtamispalveluille. Olen tyytyväinen, kun minulle soitetaan tai lähetetään sähköpostia ja kysytään apua jossain asiassa.

*Työyhteisöllä tulee olla yhteiset pelisäännöt, jotka työyhteisö
yhdessä määrittää – ei rehtori tai johtaja.*

Tietotyöläinen voi silloin toteuttaa itseään ja kehittyä parhaimmaksi versioksi itsestään. Uuden työyhteisön keskiössä on asiakas, ei johtaja. Asiakkuusajattelu ei ole ainoastaan liike-elämän asiantuntijoiden ja johtajien etuoikeus, vaan myös opettajien sekä rehtoreiden. Johtajien ajattelu on muuttumassa: asiakas on ykkönen. Oppilas, vanki, kansalainen tai vanhus ovat asiakkaita palvelun tarjoajalle. Tämä vaatii omien asiakkuuksien määrittelyä ja jatkuvaa työtä asiakkaiden kanssa.

Tom Peters nostaa erinomaisesti esille 1980-luvulla ilmestyneissä kirjoissaan kiertelevän johtajan ajatuksen. Johtajan tulee oppia asiakkailta ja omilta vertaisilta. Jokin aika sitten Helsingin Sanomat kuvasi ruotsalaisen junayhtiön yöjunamatkaa Tukholmasta Berliiniin. Junayhteys oli juuri avattu. Junassa oli ruokapiste, jota kutsuttiin salakapakaksi. Tätä ruokapistettä pyöritti yrityksen johtoon kuuluva henkilö. Hänen mukaansa uuden konseptin kehittämisessä on kaikenlaista säätämistä, ja hän halusi oppia suoraan asiakkailta.

Työaika on vanhentunut käsite erityisesti tietotyössä. Maatalousyhteiskunnassa työtä tehtiin silloin kun työtä oli ja valoisa aika mahdollisti työn tekemisen – pimeinä aikoina levättiin. Teollistumisen myötä 1800-luvulla yritettiin toimia samalla tavalla. Se johti ylipitkiin 14-16 tuntisiin työpäiviin. Työväenliike sai taisteltua kohtuullisen työajan, 40 tuntia viikossa. Siitä lähtien työaika on ollut keskeinen johtamisen väline. Työaikaa mitataan minuuttien tarkkuudella. Sitä pidetään tuottavuuden mittaamisen työkaluna. Ammattiyhdistysliike ja työnantajat sopivat siitä, missä puitteisssa työtä tehdään. Se perustuu käsitykseen, että työnantaja yrittää riistää työtekijöitä ja työntekijä yrittää luistaa työstä tilanteen salliessa. Tämän taistelun on loputtava. Ihmiskäsityksen on muututtava. Ihmiset ovat oppivia ja kehittyviä. Pääseminen vanhoista malleista irti vaatii ennen kaikkea johtamisen uudistumista. Muutoksen on alettava työnantajista ja johtajista. Johtajien on päästävä irti tayloristisesta kontrollista. Tieto oli tayloristisen johtamisen perusta, ja se oli teollistumisen aikaan vain johtajien käytössä. Tieto on jo vapautunut ja kaikkien saatavilla. Koulutus on lisääntynyt huimasti – nykyään tavallinen tietotyöläinen on yhtä koulutettu kuin johtaja. Tasa-arvoinen yhteiskunta mahdollistaa kaikkien kouluttautumisen ja kehittymisen. Miltä tuntuisi, jos asiantuntijatiimi määrittäisi itse kaikki työteon perusteet ja tavoitteet yhteiskunnan tahtotilan ja asiakkaiden tarpeiden perusteella? Oppivan yhteisön johtajat toimisivat tiimivalmentajina.

*Johtaminen koostuu kolmesta elementistä: asioiden johtamisesta,
ihmisten johtamisesta ja valmentamisesta.*

Tiimivalmentaminen tarkoittaa, että johtaja hyödyntää tiimiä omassa johtamisessaan. Johtaja valmentaa tiimiä eli oppivan organisaation perusyksikköä. Yksilö oppii tehokkaammin reflektoimalla omaa toimintaansa tiimin kautta, kuin johtajan kommenttien kautta.

Opetusneuvos Johannes Partanen perusti vuonna 1993 Jyväskylän Ammattikorkeakoulun (JAMK) Tiimiakatemian, jossa ei ole opettajia – vaan tiimivalmentajia; ei ole oppilaita – vaan tiimiyrittäjiä; ei oppitunteja – vaan projekteja oikeille asiakkaille ja dialogisessioita; ei määrättyjä oppikirjoja – vaan tietokirjoja omaan tarpeeseen. Tiimiakatemian johtavat ajatukset eli arvot, mission (olemassa olon tarkoituksen) ja vision (yhteisön päämäärän) määrittävät tiimiyrittäjät (opiskelijat) yhdessä tiimivalmentajien (opettajien) kanssa.

> *Työyhteisön sisäinen yrittäjyys on useasti tahtotila, johon yritetään*
> *päästä. Oma-aloitteiset eli itseään johtavat työntekijät saavat enem-*
> *män aikaiseksi ja heillä on sisäinen motivaatio.*

Sille on keksitty hieno englannin kielinen termikin, intraprenourship, joka on johdettu sanasta entreprenourship (yrittäjyys). Yrittäjyyttä pidetään ratkaisuna työyhteisön kehittämiseen erityisen työnantajien näkökulmasta. Useasti hän tarjoaa vain vain mahdollisuuden tehdä työtä yrittäjämäisesti. Palkitseminen tästä jää toissijaiseksi. Työntekijäpuolella yrittäjyys nähdään mörkönä, jossa työtekijä luopuu perusoikeuksistaan, ja valta ammattiyhdistysliikkeeltä valuu työpaikoille. Esitämme ratkaisun tähän haasteeseen: tiimiyrittäjyyden eli yhdessä yrittämisen. Vastuu yrittämisen työstä ja palkinnoista jaetaan tasan työnantajan ja työntekijän välillä.

Itse ajattelen, että asiantuntijan tulee vastata puhelimeen aamulla kello kahdeksan jälkeen, ja iltasella ennen kello kuuttatoista. Meillä on tosin aamuvirkkuja ja iltavirkkuja. Tiedän, että voin soittaa yhdelle varsin hyvin jo aamulla puoli kahdeksan aikaan, ja toiselle vasta kymmenen jälkeen. Lomia kukin voi pitää silloin, kun hän tuntee itse sitä tarvitsevansa. Pidän huolen, että kaikki pitävät ainakin lakisääteiset lomansa ja työaika kirjataan lain mukaan. Muuten pyrin huolehtimaan, että asiantuntijan työn merkityksellisyys eli henkilökohtainen mestaruus, autonomia ja yhteisöllisyys toteutuvat. Erityisesti etätyön aikana kotielämä, harrastukset ja työnteko menevät somasti sekaisin.

Tiimien jaettu visio on eteenpäin ajava voima

Työyhteisön pitää pystyä selkeästi määrittämään tavoitteensa ja mittaamaan tuloksia sovitussa aikataulussa. Tavoitteiden tulee olla innostavia, haastavia ja sanallisia. Jokainen tiimi määrittää itsenäisesti työyhteisön tavoitteiden perusteella omat tavoitteensa ja avaintuloksensa. Tavoitteiden määrittämiseen ja tulosten mittaamiseen kehitettyä mallia kutsutaan Objectives and Key Results eli OKR-malliksi (Hämäläinen & Sora 2020). Samantyyppinen lähestymistapa on myös tasapainotetuissa tuloskorteissa (Balanced Scorecard). Must Win Battles-lähestymistavassa keskeiset tavoitteet määritellään selkeämmin, mutta johtajavetoisesti.

Sampon johtavat ajatukset

Lue seuraavat Ammattiopisto Sammon johtavat ajatukset eli visio, missio ja arvot ajatuksella. Ne ovat mielestäni syvälliset, opettajalähtöiset ja täyttävät jaetun vision elementit, johon palaan myöhemmin.

- Lappeenrantalainen Ammattiopisto Sampo on dialogin kautta määrittänyt jaetuksi visiokseen: *"Rajattoman oppimisen Sampo – yhteistyöllä kestävä tulevaisuus."*

- Sampon missio on: *"Rakennamme osaamista, hyvinvointia ja elinvoimaa"*.

- Sampon arvot ovat: *"Ihmistä varten, oppimisen ilo, luottamus ja rohkeus"*.

- Keskiössä on ihminen, toivo ja yhdessä oppiminen. Näihin perustuen Sampo on määritellyt kolme painopistettä: 1. *Kehittyvä oppimisen ekosysteemi;* *2.Oppiva, sitoutunut ja hyvinvoiva henkilöstö; 3. Kestävän tulevaisuuden varmistaminen.*

Näitä johtavia ajatuksia ei ole sovittu vain johdon kulmahuoneessa vaan tehty dialogissa koko henkilökunnan kesken. Tämän kirjan kirjoittamisen aloittamiseen sain lopullisen innostuksen Saimaan ammattiopiston johtoryhmän valmennuksesta, jossa he kehittivät vision eli tiekartan tiimikulttuurin rakentamiseksi. Minusta tämä heidän keksimänsä nimi on nerokas, riittävän vapaamuotoinen ja tiukka. Tiekartta tullaan kuvaamaan visuaalisesti. Tälle toimelle annettiin reilusti aikaa, lähes neljä vuotta.

Sammosta on tulossa yhdessä oppiva työyhteisö. Sen tavoitteista tulee avoimia, aikaan sidottuja, selkeitä, laadullisia ja yhteisön itse asettamia. Tavoitteita ei saa olla liian monta. Tavoitteet voivat olla myös talouteen liittyviä, esimerkiksi tiimin kustannusten alentaminen. Niiden toteutumista pitää seurata avaintuloksilla, jotka ovat numeerisia. Keskeistä on tavoitteiden ja tulosten jatkuva seuranta. Niistä muodostuu tiimin oma jaettu visio.

Aamiainen Peter Sengen seurassa

Olen innokas äänikirjojen kuuntelija, koska olen hieman hidas lukija lievästä lukihäiriöstä johtuen. Osallistuin Society of Learning Organisations (SoL)-konferenssiin Tukholmassa vuonna 2010. Minulla on tapana harrastaa liikuntaa eri tavoin työmatkalla. Tällä kertaa sain vuokrattua pyörän hotellin vastaanotosta. Laitoin Peter Sengen Fifth Discipilinen kuunteluun ja pyöräilin puolentoista tunnin lenkin. Tulin suihkun jälkeen innoissani aamupalalle. Avauduin jonossa seuraavalle hienosta lenkistä ja sykähdyttävästä äänikirjakokemuksesta. Ensimmäisen intopuuskan jälkeen minulle selvisi, että jonossa seuraava henkilö oli itse Peter Senge. Pienen hämmennyksen jälkeen Peter pyysi, että saako tulla minun kanssani aamupalalle. Meillä oli lähes kahden tunnin intensiivinen keskustelu oppimisesta.

Peter Senge vieraili Tiimiakatemialla 1990-luvulla ja innostui näkemästään ja kokemastaan valtavasti. Hän on seurannut Tiimiakatemian kehitystä Mondragonin Tiimiakatemian kautta ja lähettänyt muun muassa Tiimiakatemian syntymäpäiville onnitteluvideoita. Tästä keskustelusta minulle jäi mieleen jaetun vision termi, joka on yksi oppivan organisaation rakennuspalikoita. Peter Senge määrittelee oppivan organisaation elementit kirjassa seuraavasti: henkilökohtainen mestaruus, mielenmallit, jaettu visio, tiimioppiminen ja systeemiajattelu.

> *Työyhteisöt määrittävät yleensä johtavat ajatukset (visio, missio, arvot) johdon kulmahuoneessa ja hallitus päättää ne.*

Peter Sengen mukaan jaettu visio vastaa kysymykseen: mitä me haluamme luoda? Työyhteisöiden tulee käydä pitkäjänteistä ja oikeaa dialogia, että visio on aidosti jaettu. Olen seurannut LähiTapiola-vakuutusyhtiön muuttumista Elämäturva-yhtiöksi. Muistan hyvin eräässä valmennuksessa olleen johdon edustajan hämmästelleen: "Tämä kolmevuotinen strategiakausi alkaa olla jo ohi, mutta vasta nyt asiantuntijamme alkavat ymmärtää, mikä on visiomme ja mihin olemme menossa."

Seuraavana kolmevuotiskautena LähiTapiolan visiona on elämänturvayhtiöksi kasvu. Visiosta alkoi tulla dialogin avulla jaettu visio. Elämänturva on kaikissa puheissa esillä ja se innostaa selvästi lähitapiolalaisia. LähiTapiolan arvot ovat syvälliset: rohkeus, intohimo ja hyväntahtoisuus. Arvoprosessiin osallistuivat koko yhtiön elämänturvaajat. Erityisesti hyväntahtoisuudesta käytiin paljon keskustelua ja dialogisuus näytti voimansa: hyväntahtoisuudesta tuli arvo. Harvoin olen urani aikana tavannut isossa yhtiössä yhtä innostavaa jaettua visiota. Nokian visio 1990-luvulta Connecting People oli samantasoinen, sillä se innosti koko yritystä.

Olen ollut valmentamassa toista työyhteisöä, jossa päätös tiimimalliin siirtymisestä ilmoitettiin täysin yhtäkkiä. Johtaja esitti minulle sotavertauksiin perustuvan esityksen ja kertoi julistavansa tiimimallisodan heti seuraavana päivänä. Samalla sovimme valmennusyhteistyöstä. Siinä sodassa tuli jonkin verran henkilökuntatappiota, kun ketään ei ollut koulutettu tiimitoimintaan. Vaikka itse muutos tapahtui paperilla heti, organisaatiolla meni pari vuotta tiimimallin omaksumisessa ja käytäntöön laittamisessa. Hyvään päämäärään on monta eri polkua. Oppiminen on enemmän hidasta kuin nopeaa.

Jaetussa visiossa toteutuu nousevan eli kehkeytyvän ja halutun strategian yhdistelmä. Strategian filosofi Henry Mittzberg on pohtinut, kuinka strategia oikeasti muotoutuu. Johto suunnittelee vision ja strategian, minkä jälkeen niistä käydään henkilökunnan kanssa yhteinen keskustelu. Osa visiosta hylätään ja osasta visiota tulee jaettu visio. Kuva 2 kuvaa yrityksen strategista suunnittelua ja sen toteutumista. Se on peräisin Mintzbergin (1994) kirjasta Strategisen suunnittelun nousu ja tuho. Jaettu visio on tärkeä, jos työyhteisö haluaa muuttua tiimioppivaksi. Jaetun vision synnyttäminen vaatii aitoa dialogia ja pitkäjänteisyyttä.

Kuva 2. Jaetun vision kehkeytyminen (mukailtu Mintzberg 1994).

Oppija oppimisen keskipisteeksi

Luokkahuone sai alkunsa ompelukonetehtaan työsalista 1800-luvlla. Ompelukoneet otettiin pois ja kas, luokkahuone on valmis. Lapset saivat oppia kurinalaisuutta ja tottelevaisuutta. Opettajan rooli oli patruunamainen. Kun aikuiset menivät tehtaisiin töihin, lapset haluttiin samaan aikaan johonkin pois tieltä, oppimaan työelämäntaitoja. Kun aloitin opiskelun Otaniemessä 1980-luvulla, muutosta ei ollut tapahtunut. Isossa Aalto-salissa useampi sata opiskelijaa kuunteli matematiikan luentoa. Luennoitsijan karisma oli sen verran kuihtunut 150 vuodessa, että hänen tehtävänsä annettiin introvertille väitöskirjatutkijalle. Hän mutisi ja piirsi jotain aivan käsittämätöntä piirtoheittimelle. Samalla kun hän piirsi kalvolle, hän pyyhki hihallaan vahingossa osan piirustuksistaan pois. Matematiikan kurssista sain lopulta huonoimman arvosanani Otaniemessä, vaikka matematiikan numeroni oli koko lukion ajan 10 ja kirjoitin koulun parhaan laudaturin ylioppilaskirjoituksissa.

Oppilaitoksien johtaminen on kehittynyt hitaammin kuin yrityselämässä. Valitettavasti koronan vaikutus opetusmaailmaan ei ole ollut positiivinen. Opetus siirtyi joustavasti etäopetukseen, mutta opettajakeskeisyys lisääntyi. Se kasvatti oppilaiden epätasa-arvoa ja vähensi yhteisöllisyyttä. On varmasti hyviä etäopetusoppitunteja, mutta massaluentojen siirryttyä etätoteutukseen, on myös paljon huonoja, erityisesti yliopistoissa, jotka kulkevat pedagogiikan jälkijunassa. Yliopistoissa on vallalla vahva professori- ja tiedekeskeisyys, pedagogiikan tutkiminen ja kehittäminen kuuluvat siellä vain kasvatustieteen laitokselle. Professorilla ei oleteta olevan mitään opetuksellisia taitoja toisin kuin kaikissa opinahjoissa työskentelevillä lastentarhasta lukioon ja ammattikorkeakouluihin. Jo nimenä kasvatustiede korostaa lähtökohtaisesti opettaja- ja systeemikeskeisyyttä. Oppimistiede olisi parempi nimi.

Yksi syy heikkoon etäopetukseen ovat heikot ohjelmistot. Kustannussyistä monessa paikassa käytetään insinöörihenkistä Teams-ohjelmistoa, koska Teams tulee Microsoft-ohjelmiston mukana. Oppimisen vuorovaikutusta tukevat kuvan käyttö, helposti toimiva yhteys ja osallistujien jakaminen helposti pienryhmiin. Nämä eivät kuulu Teamsin vahvuusalueisiin. Teams muistuttaa Nokia Communicator-matkapuhelinta vuodelta 2005. Sen sijaan Zoom tarjoaa nämä oppimisen tarvitsemat ominaisuudet, se on kuin iPhone-älypuhelin vuodelta 2023. Tosin Teams on kehittynyt koko ajan. Kokoustaminen sujuu Teamsillä hyvin, mutta dialogiseen kohtaamiseen Teams on jäykkä. Yhtenä vaihtoehtona ovat digitaaliset alustat, joissa voidaan käydä dialogia, jakaa oppimateriaalia ja tehdä oppimisesta yhteisöllistä kohtaamisten tai luentojen aikana, ja ennen kaikkea niiden välillä. Useimmat oppimisalustat sopivat tiedon säilömiseen, eivät dialogiseen kohtaamiseen. Howspace-oppimisalusta on juuri kuin edellä mainittu iPhone vuodelta 2024.

Eräs yliopiston tutkija sanoi, että opetusmaailman uudistaminen on yhtä hidasta kuin hautausmaan siirtäminen. Hautausmaan siirtoon liittyy teknisten ja taloudellisten haasteiden lisäksi merkittävästi arvoristiriitoja, jotka perustuvat maailmankatsomukseen tai saavutettuihin etuihin. Opetusmaailman muuttaminen on samankaltainen asia. Tärkein asia eli itse oppija, opiskelija tai koululainen jää helposti sivurooliin. Työelämä, vanhemmat, kunnan budjetti, valtion politiikka ja koulurakennukset ovat tärkeämmässä asemassa.

Suomi on oppimisen edelläkävijämaa. Suomea auttaa tasa-arvoinen yhteiskunta, jossa opettajat ovat osaavia ja koulutettuja. Opettajien työ on suuresti arvostettua. Silti oppimisen uudistamisessa olemme vasta alkutaipaleella. Suuri enemmistö vielä mietiskelee, pitäisikö oppimista uudistaa. Paras tilanne on perusopetuksessa ja ammattiopistoissa. Yliopistoissa olemme vielä innovaattorien varassa, eli muutama innokas kokeilija yrittää uudistaa pedagogiikkaa.

Oppimisen uudistaminen vaatii pitkäjänteistä kärsivällisyyttä. Peter Senge on erinomaisesti kuvannut muutosprosessia systeemiajattelua kirjassaan Muutoksen tanssi, The Dance of Change (1999), kuva 3. Muutos alkaa yhteisöstä. Ensimmäisessä askeleessa on luotava yhteisöön (Y2) innostava ilmapiiri ja halukkuus sitoutua. Eric Riesin (2011) ja John Kotterin (1996/2009) teoksissa muutos yhteisössä alkaa kokeiluista ja pienistä piloteista. Ensimmäisiin kokeiluihin kannattaa panostaa niin paljon, että innostus leviää ja työyhteisön ihmiset sitoutuvat. Tätä kautta kulttuurissa alkaa tapahtua muutoksia. Viiveiden kautta yksilön kehällä (Y1) alkaa kykyjen kehkeytyminen ja henkilökohtaiset tulokset. Vasta uloimmaisella tulosten kehällä (Y3) syntyy uusia käytäntöjä ja kestäviä tuloksia. Tämä muutos kestää oman aikansa.

Omien kokemuksieni mukaan oppilaitoksen tai työyhteisön muutos kestää vähintään 3-5 vuotta, ennen kuin muutos on juurrutettu ja uskottavuus on saavutettu. Tiimiakatemian ja Proakatemian perustamisen jälkeen kumpikin yksikkö saavutti niin vakuuttavat tulokset viiden vuoden jälkeen, että niitä ei enää sen jälkeen voinut kumota. Ongelmana on yleensä johdon rohkeuden puute. Johto voi huomata tiimioppimisen saavuttavan tuloksia ja julkisuutta. On todella säälittävää seurata sivusta, jos johto ei ymmärrä tiimioppimisen tuloksellisuutta. Olen kuullut seuraavia tuloksia ja kommentteja:

- Ammattioppilaitoksen työllistyminen nousi 50 prosentista peräti 75 prosenttiin ja työelämän palaute oli erinomaista.
- Parhaimmillaan yrittäjyysprosentti on noussut 30-50 prosenttia ja kaikki valmistuneet ovat saaneet töitä (saavutettu ammattioppilaitoksissa ja ammattikorkeakouluissa).

- Kokenut pedagoginen kehittäjä: "Olen nähnyt elämässäni todella monenlaista kurssia, menetelmää ja taikatemppua perusopetuksen parantamiseksi, mutta tiimioppimisen luoma yhteisöllisyys ja yhdessä ohjautuvuus on ainoa, joka saa pysyviä positiivisia muutoksia aikaiseksi."

- Oppilaitoksen henkilöstökyselyn kokonaisindeksi kasvoi 3,66:sta 4,03:een ja nousi koulutuskuntayhtymän parhaimmistoon kolmessa vuodessa.

Tiimioppimisesta on tehty yli viisikymmentä opinnäytetyötä: alempia ammattikorkeakoulutöitä, ylempiä ammattikorkeakoulutöitä, graduja, tieteellisiä artikkeleja ja muutamia väitöskirjojakin. Lista näistä löytyy yrityksemme kotisivuilta. Yhtään negatiivista tutkimusta yhteisöllinen oppimisen eduista en ole tavannut. Tohtori Elinor Vettraino ja hänen tiiminsä Englannissa innostuivat kokoamaan Tiimiakatemian verkostosta tieteellisiä artikkeleita tiimioppimisesta neljän kirjan sarjaksi. Arvostettu kustantaja Routledge julkaisi ensimmäisen kirjan loppuvuonna 2021 ja viimeisen vuoden 2022 maaliskuussa. Artikkeleja kertyi kolmekymmentäviisi, joista tämän kirjan kirjoittaja osallistui yhteen.

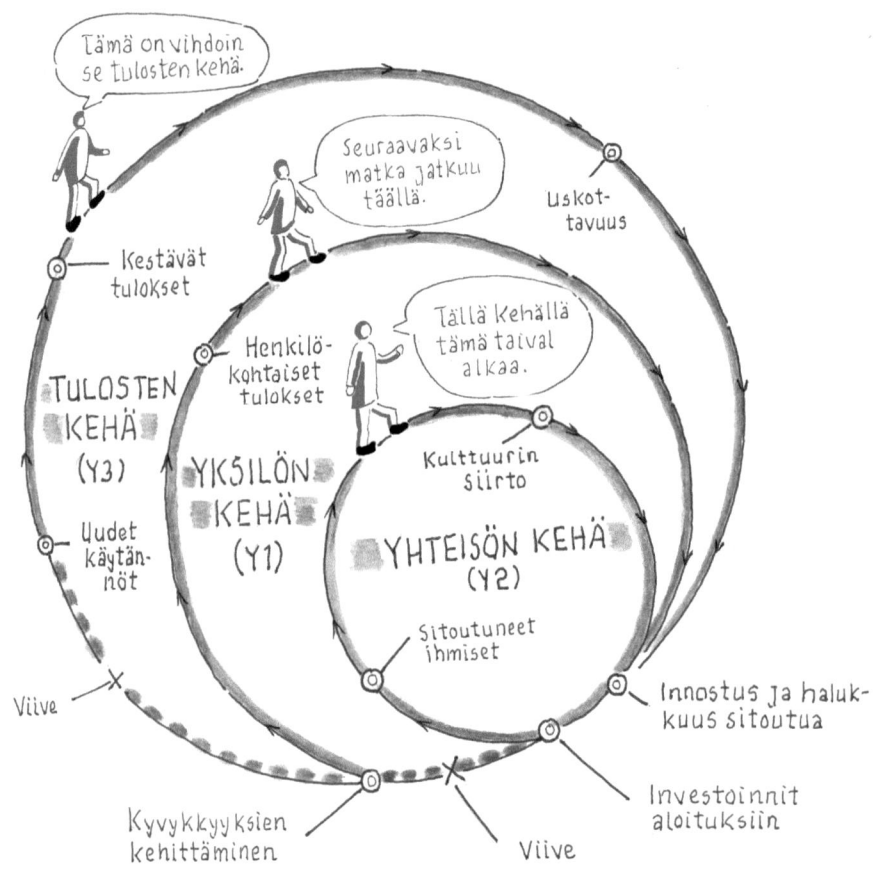

Kuva 3. Oppimisen kehät (Senge, 1999).

3. Miksi tiimi rakennetaan?

Yhteistoiminta on ihmisen vahvuusalue

Organisaatiot haaveilevat itseohjautuvista työntekijöistä. Tämän ajatuksen kyseenalaistan, sillä ihmisen vahvuus on yhteistoiminnassa. Organisaatioiden tulee olla yhdessä ohjautuvia eli tiimioppivia. Henrik von Wright on yksi Suomen suurimpia filosofeja. Hänen logiikan ajatteluunsa kuuluu ei-ajattelu. Ajatellaan siis, että työyhteisössä ei olisi tiimejä, eikä niitä haluttaisi työpaikalle. Työyhteisö toimisi siten, että jokainen tekisi vain omaa työtään, joka olisi niin selkeästi määritelty ja ohjattu ylhäältäpäin, että yhteistyötä ei tarvita. Jo Henry Fordin autotehdas oli niin kehittynyt, että yhteistyötä tarvittiin. Tämän vaihtoehdon voi sulkea pois. Seuraava mahdollisuus ihmisten väliseen löysään yhteistyöhön on ryhmä. Ryhmän ja tiimin erottaa toisistaan sitoutuminen tavoitteeseen. Jos ryhmällä on jaettu visio, se on tiimi. Työyhteisö toimisi siis toisistaan tietoisina ryhminä, mutta ei haluisi samaan päämäärään. Ryhmällä saavutetaan hataraa näennäistä vaikuttavuutta eli ryhmän todellinen tuottavuus on heikko. Tämän tyyppinen ryhmäorganisaatio oli varmaan Henry Fordin autotehtaan tayloristinen johtamisfilosofia. Tarkoilla ohjeilla, kurilla ja kannustuspalkkiolla ohjataan työyhteisöä eteenpäin.

Moni työyhteisö on jumittunut ryhmäorganisaatioksi, vaikka toimintayksiköitä kutsutaan tiimeiksi. Tämä on ongelma. Tapasin pörssiyhtiön yksikön henkilöstöjohtajan, jonka piti kokoontua salaa oman ryhmänsä kanssa, kun työaikaa ei saanut käyttää turhiin palavereihin. Silti hän puhui tiimistä. Tiimi on paljon mukavampi sana kuin ryhmä, joten tiimi-sanaa käytetään väärin. Ryhmä on ihmisjoukko, jonka jäsenet ovat tietoisia sekä omasta jäsenyydestään, muiden jäsenyydestä ja yhteisestä tehtävästä. Ryhmä ei ole sitoutunut yhteiseen tehtävän suorittamiseen. Jos tiimillä ei ole jaettua visiota, kutsutaan sitä ryhmäksi. Ryhmästä tulee tiimi, kun tiimiläiset sitoutuvat tiimin tehtävän suorittamiseen. Tiimillä on jaettu visio. Tiimin erottaa ryhmästä siis yhteinen tavoite, pelisäännöt ja yhteinen aika kokoontua. Organisaatioiden tulisi olla rehellisiä itselleen ja puhua ryhmäorganisaatiosta tiimiorganisaation sijaan.

Pelosta rohkeuteen – johtajasta tai asiantuntijasta tiimivalmentajaksi

Muutos on aina pelottava. Yksi Peter Sengen oppivan organisaation periaate on mielenmallit. Organisaatiolle kehittyy yhteinen tapa ajatella eli yhteinen uskomusjärjestelmä. Tietyn alan organisaatioon kuuluvat ihmiset ajattelevat samankaltaisesti toiminnasta omalla alueellaan. Tätä ajattelua kutsun mielenmalliksi. Oppivan organisaation tulee rikkoa opittuja mielenmalleja ja luoda uusia. Esimiehiä pelottaa delegoida valtaa, ja asiantuntijoita pelottaa ottaa vastuuta. Perinteisesti johtavat esimiehet ovat tottuneet tekemisen kontrollointiin, ja tiimin jäsenet ovat oppineet ottamaan vastaan ohjeita.

Valmentavassa johtajuudessa esimiehen tulee oppia luomaan turvallisuutta sekä esittämään rohkaisevia ja oivalluttavia kysymyksiä. Tiimin jäsenien tulee oppia uudenlainen ajattelutapa, jossa jokainen projektitiimi hoitaa asiat itsenäisesti, sovituissa raameissa. Kaikkien tiedossa olevat, yhdessä sovitut ja visuaaliset mittarit ovat avain menestyksen saavuttamiseen. Kun asia on tehty, sitä pohditaan oppimistiimissä ja opitaan yhdessä. Tiimiajattelu otettiin käyttöön monessa organisaatiossa 1990-luvulla, kun Peter Sengestä ja monesta muusta tiimikirjailijasta innostuttiin. Monesti nämä tiimit olivat kuitenkin vain organisoinnin välineitä eli ryhmiä, eivätkä todellisia tiimejä. Sengen ajattelun mukaan tiimi on ennen kaikkea oppimisen väline, ei organisoinnin.

Vallan luovuttamisessa oppijoille opettaja tai johtaja luopuu kontrollista. Tällöin pitää hyväksyä myös virheiden mahdollisuus. Virhe on aina mahdollisuus oppia.

Tästä on kirjoitettu monta hyvää kirjaa, kuten Mahtava moka (Sutinen & Kuitunen 2018). Omien empiiristen havaintojeni mukaan, johtajat, opettajat ja asiantuntijat tekevät yhtä lailla virheitä. Mitä suurempi valta, sitä suurempi virhe ja sitä todennäköisemmin se lakaistaan maton alle. Useasti vielä käy niin, että jokin teko haukutaan virheeksi, vaikka sitä ei ole vielä testattu oikealla asiakkaalla.

Tutkin itse milleniaalien johtamista reilut kymmenen vuotta sitten Tekesin Liideri-hankkeessa. Rakensin silloin kaverijohtamisen mallin, jossa valta jaetaan tasan johtajan/asiantuntijan ja opettajan/oppijan kanssa. Kaverijohtamisessa on keskeistä olla enemmän kuin tuttava, eli tuntea toinen osapuoli riittävällä tasolla. Tärkeää on olla vähemmän kuin ystävä, eli ei saa suosia tiimiläistä ystävänä liian paljon. Parasta on olla kaveri, enemmän kuin tuttava, mutta vähemmän kuin ystävä. Kaverit tuntevat toisensa kohtuullisen hyvin, mutta pystyvät tekemään itsenäisiä päätöksiä. Perustin kaverijohtamisen mallin japanilaiseen samurai-filosofiaan, Miyamoyo Mushashin kirjoitamaan Maa, vesi, tuli, tuuli ja tyhjyys -kirjaan (1654). Ensimmäisessä maa-vaiheessa kumpikin osapuoli pystyy johtamaa itseään. Toisessa vesi-vaiheessa määritellään jaettu visio. Kolmannessa tuli-vaiheessa ymmärretään energian tuomisen ja tilan antamisen arvo tekemisessä. Neljännessä tuuli-vaiheessa tuodaan jotain uutta omalle toimialalle. Korkein johtamisen muoto on tyhjyys eli tietoinen läsnäolo – meillä on vain tämä hetki, ja siihen tulee tarttua kiinni. (Kuva 4)

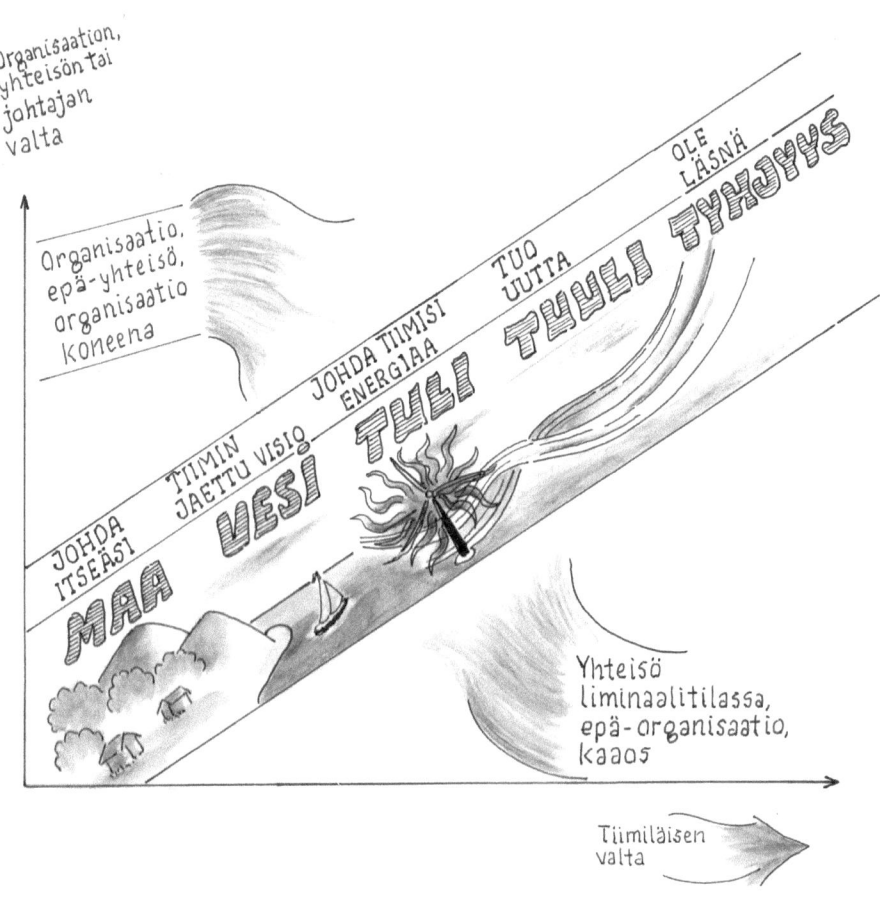

Kuva 4. Kaverijohtamisen portaat.

Yhdessä oppivaan työyhteisöön

Tiimioppivan kulttuurin rakennusaineet ovat oppimistiimi, projektitiimi, aika, visio, pelisäännöt, tiimivalmentaja, rohkaisu, eritahtisuuden hyväksyntä, osaaminen ja sitkeä päämäärätietoisuus.

Miten sellainen rakennetaan? Peter Senge nosti esille oppivan organisaation käsitteen kirjassaan The Fifth Discipline (1991). Oppiva organisaatio koostuu viidestä elementistä: systeemiajattelusta, henkilökohtaisesta, mestaruudesta, mielenmalleista, jaetusta visiosta ja tiimioppimisesta. Organisaation ja sen jäsenten tulisi tunnistaa oma toimintansa osana laajempaa kokonaisuutta sekä niiden keskinäiset riippuvuudet osana systeemiä. Jokaisella oppivan organisaation jäsenellä tulisi olla mahdollisuus kehittää itseään ja olla parhaimmillaan työyhteisössä, eli toteuttaa henkilökohtaista mestaruuttaan. Oppiva organisaatio käy dialogia oman yritykseen, markkinoihin, teknologiaan ja kilpailijoihin liittyvistä uskomusjärjestelmistä eli mielenmalleista. Jaettu visio tarkoittaa koko organisaation tavoitetta: organisaation jäsenet eivät mene tavoitetta kohden käskyn takia, vaan omaan halunsa ja intohimonsa perusteella. Tiimioppiminen alkaa dialogista eli yhdessä ajattelun taidosta, jolloin tiimiläiset oppivat tiimissä itsestään ja toisiltaan. Tiimiakatemian mallissa keskeistä on tiimiyrittäjyys eli yhdessä yrittäminen. Tiimiyrittäjyys voisi olla kuudes oppivan organisaation rakennuselementti. Ehkä juuri tämä on kriittinen elementti oppivan työyhteisön rakentamisessa.

Oppivan organisaation rakentaminen vaatii vanhojen rakenteiden purkamisen ja uuden luomisen. Se vaatii:

1. jaon oppimistiimeihin ja siihen kuuluviin pienempiin projektitiimeihin,

2. yhteistä dialogiaikaa,

3. yhteisen tavoitteen (jaettu visio),

4. yhteiset pelisäännöt ja tiimisopimuksen,

5. tiimivalmentajan,

6. omaan oppimiseen liittyvän lukemisen sekä

7. tekemällä oppimisen.

Oppimistiimi ja projektitiimi

Tiimien oppimisen ja organisoinnin yhdistäminen vaatii uudenlaisen rakenteen. Oppimistiimi on maksimissaan noin 25 henkilön tiimi. Se on sopiva tiimi oppimisen jakamiseen ja isomman kokonaisuuden hoitamiseen. Tämän lisäksi itse asioiden hoitamisen eli organisoinnin näkökulmasta tiimi pitää pilkkoa pienempiin noin 2-7 hengen projektitiimeihin. Projektitiimit hoitavat tiimin tehtävät ja tavoitteet. Tiimin oppimisen ja organisoinnin voi yhdistää tällä tavoin. Tiimi on ennen kaikkea oppimisen väline, ei vain organisoinnin. Projektitiimien opit pitää jakaa oppimistiimissä. Tiimin rakentaminen vie aikaa, sillä tiimiläisten välille pitää syntyä luottamus. Luottamus ei synny helposti. Jotta oppimistiimi voi olla oppimisen väline, sen koko voi olla maksimissaan noin 25 henkeä. Tämä sen takia, että dialogi isommassa tiimissä käy hitaaksi. Toinen kokoa rajoittava seikka on luottamuksen rakentamisen hidastuminen tiimin koon kasvaessa. Tiimiläiset eivät opi tuntemaan hyvin toisiaan isommassa tiimissä.

Projektitiimi ja oppimistiimi vaativat johtajuuden rakentamisen tiimin sisälle. Niillä on syytä olla tiimiliideri, joka on eri asia kuin tiimivalmentaja. Tiimiliideri voi olla määräajoin vaihtuva. Paras johtajuus syntyy, kun tiimit itse valitsevat tiimiliiderit. Oppimistiimillä voi olla myös johtoryhmä. Kokoontumiset on syytä valmistella. Alussa tiimivalmentaja voi näyttää esimerkkiä, mutta on äärettömän tärkeää, että tiimi itse ottaa vastuun kokoontumisista ja niiden valmistelusta.

Tämä edellä kuvattu on keskeistä kouluissa toteutettavassa tiimioppimisessa. On siis oppimistiimi eli luokka, josta muodostetaan projektitiimiit. Perusopetuksen koulussa rinnakkaisluokan opettajat laittoivat neljäkymmentä toisen luokan oppilasta samaan ryhmään. He alkoivat tiimivalmentaa opettamisen sijaan. Kaksi luokkaa oli jaettu kahdeksaan noin viiden oppilaan ryhmään, joilla jokaisella oli oma tunnusvärinsä. Varsinaista tiimiliideriä näissä ei ollut, mutta "pyykkikset" vastasivat päivän pienistä tehtävistä kuten vaikka tarvikkeiden jakamisesta omalle ryhmälle. Oppilaille pyykkisvuoro on ollut tärkeä rooli. Pesäryhmät pysyvät syksyn ajan samana ja kevätkaudelle vaihdetaan uudet ryhmät. Ennen muutosta tuntui, että luokassa oli muutama vähän yksinäisempi, joilla ei ehkä ollut motivaatiota koulunkäyntiin, ja heistä oli huoli. Nyt kun on siirrytty yhteisopettajuuteen ja pesäryhmiin, he ovat saaneet uusia kavereita ja koulumotivaatio on kasvanut. Yhteisöllisyys ja kouluilo ovat vahvistuneet ja palanneet, se on tosi tärkeää, oppimisen rinnalla, että oppilaat viihtyvät ja kokevat yhteisöllisyyttä. Opettajien kannalta parasta on oman työtaakan keventyminen ja joustavuuden lisääntyminen.

Oppimistiimin ja jääkiekkojoukkueen rakenne on hyvin samankaltainen. Itse joukkueessa on noin 25 jäsentä, jotka jakaantuvat pienempiin viiden pelaajan ketjuihin. Jokaisella ketjulla eli projektitiimillä on oma tehtävänsä. Yleensä 1.–2. ketjujen päätehtävänä on tehdä voittavat maalit. 3.–4. ketjujen tehtävänä on puolustaa ja viedä vastustajalta energiaa. Tämän lisäksi yli- ja alivoimapelaamiseen on omanlaiset ketjut eli projektitiimit.

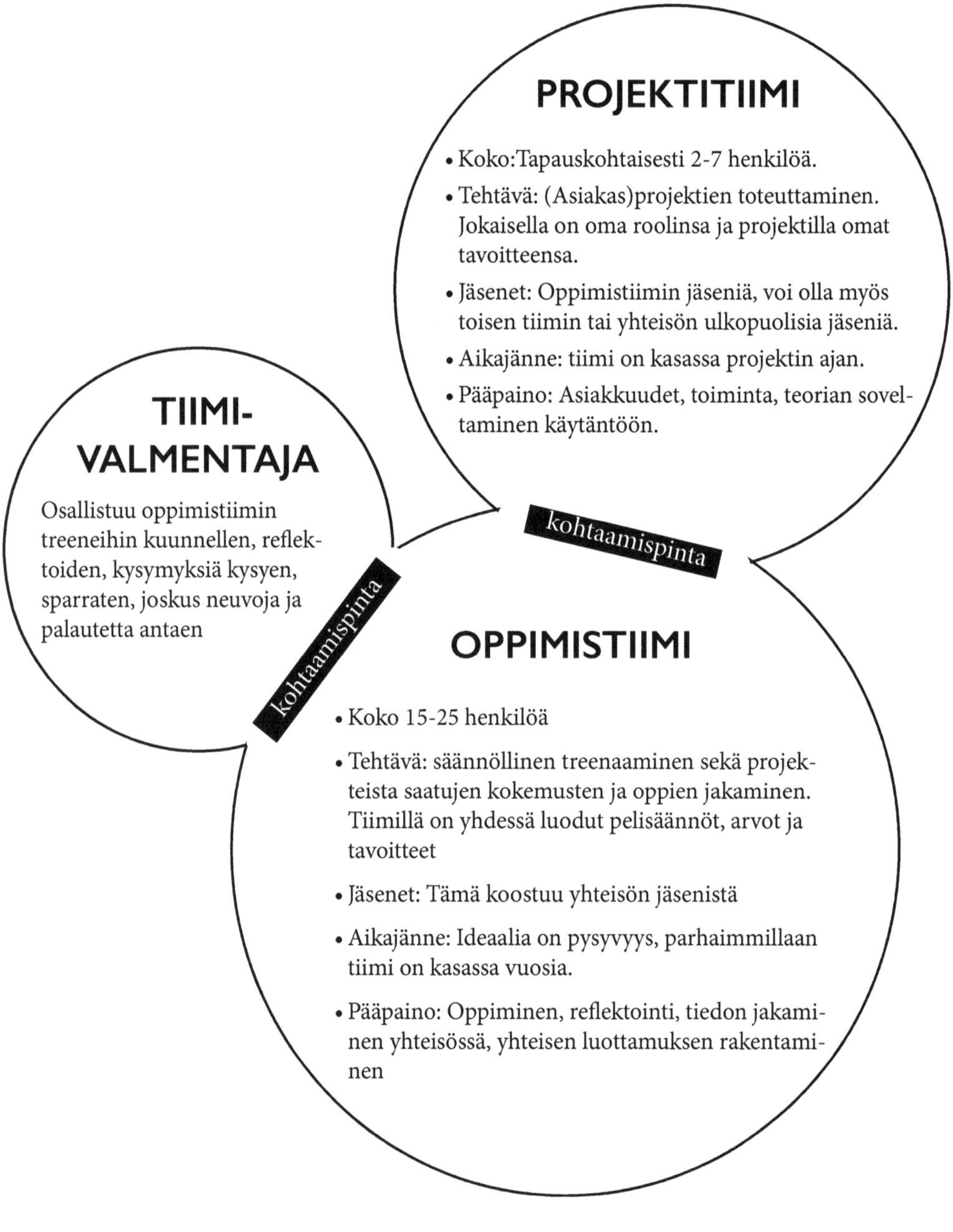

PROJEKTITIIMI

- Koko:Tapauskohtaisesti 2-7 henkilöä.
- Tehtävä: (Asiakas)projektien toteuttaminen. Jokaisella on oma roolinsa ja projektilla omat tavoitteensa.
- Jäsenet: Oppimistiimin jäseniä, voi olla myös toisen tiimin tai yhteisön ulkopuolisia jäseniä.
- Aikajänne: tiimi on kasassa projektin ajan.
- Pääpaino: Asiakkuudet, toiminta, teorian soveltaminen käytäntöön.

TIIMI-VALMENTAJA

Osallistuu oppimistiimin treeneihin kuunnellen, reflektoiden, kysymyksiä kysyen, sparraten, joskus neuvoja ja palautetta antaen

kohtaamispinta

kohtaamispinta

OPPIMISTIIMI

- Koko 15-25 henkilöä
- Tehtävä: säännöllinen treenaaminen sekä projekteista saatujen kokemusten ja oppien jakaminen. Tiimillä on yhdessä luodut pelisäännöt, arvot ja tavoitteet
- Jäsenet: Tämä koostuu yhteisön jäsenistä
- Aikajänne: Ideaalia on pysyvyys, parhaimmillaan tiimi on kasassa vuosia.
- Pääpaino: Oppiminen, reflektointi, tiedon jakaminen yhteisössä, yhteisen luottamuksen rakentaminen

Kuva 5. Oppimistiimi, projektitiimi ja tiimivalmentaja.

Koko joukkueella on kapteeni (oppimistiimin tiimiliideri) ja varakapteenit, jotka muodostavat oppimistiimin eli joukkueen johtajiston. Tämän lisäksi jokaisella ketjulla on omat johtavat pelaajat.

Olen kuunnellut Erkka Westerlundia useamman kerran, ja olemme tehneet vähän yhteistyötäkin. Erkka on kehittänyt oman valmennustyylinsä, jota hän kutsuu ihmislähtöiseksi erotuksena valmentajalähtöisestä. Erkan puheissa ja hänen kirjassaan tulevat esille valmentajien kova työ joukkueen valinnassa:

> "Suomessa ei ole niin paljon huippupelaajia kuin muissa maissa. Eroa
> on kompensoitava pelaajien välisellä yhteistyöllä – joukkuepelillä."

Erkka halusi joukkueeseen terveitä ja vahvoja pelaajia, jotka olivat valmiita tekemään yhteistyötä. Hänen uransa käänteentekevä hetki oli Torinon olympialaiset, jossa Suomen maajoukkueella ei ollut tarpeeksi suurta kokoontumistilaa koko joukkueelle. Tämä johti ketjukohtaiseen valmentamiseen, jolloin jokainen ketju otti itse vastuun omasta pelistään. Suomi ylsi huikeaan olympiahopeaan. Erkan mietelause on:

> "Oppiminen on voittamista tärkeämpää."

Toinen seikka, mikä tulee Erkan tarinoissa ja kirjassa esille, on valmentajan valmistautuminen ja pelaajien valinta. Työelämässä tiimin dynamiikkaa pohditaan paljon vähemmän. Myönnän, että jääkiekkomaajoukkue on hyvin erilainen tiimi kuin työpaikan normaali tiimi. Monesti työyhteisön johtajalla tai tiimivalmentajalla ei ole mitään tai hyvin pienet mahdollisuudet vaikuttaa oman tiiminsä kokoonpanoon. Mutta työtekijöiden pelipaikkoihin eri projektitiimeissä tai heidän työtehtäviinsä, johtaja voi aina vaikuttaa. Tiimin ilmapiiriin johtajalla tai tiimivalmentajalla on hyvin suuri vaikutus. Tämä on hyvin keskeinen tekijä tiimin rakentamisessa.

Muistan elävästi, kun kävin vierailulla vasta aloittaneen tehtaan johtajan luona. Hän kertoi tehtaan vaikeasta tilanteesta. Hänen tiimiinsä oli kuulunut hänen lisäkseen kolme johtajaa: tuotantojohtaja, kunnossapitojohtaja ja kehitysjohtaja. Tehdas tuotti tappiota. Ongelmina oli tuotannon ja kunnossapidon heikko yhteistyö, sekä selkeän tavoitteen puuttuminen. Kehitysjohtaja haaveili suuresta investoinnista, jolla lakaistaisiin kaikki nykyongelmat maton alle. Uusi tehtaanjohtaja oli sitä mieltä, että olisi parempi ensin saada nykytoiminta tolkulliseksi ennen investointeja. Tehtaanjohtaja päätyi radikaaliin ratkaisuun: hän vapautti kehitysjohtajan tehtävästään. Sitten hän vaihtoi tuotantojohtajan ja kunnossapitojohtajan toimet keskenään. Yhteistyö tuotannon ja kunnossapidon välillä alkoi toimia erinomaisesti. Tehtaalla alettiin tehdä myös jatkuvasti pieniä parannuksia, joiden avulla toiminnasta tuli kannattava.

Aika

Jotta ryhmästä tulee oppiva tiimi, sen kokoontumiselle ja dialogille on varattava riittävästi aikaa. Tiimillä on oltava pyöreitä ja suorakulmaisia tapaamisia.

Pyöreällä tapaamisella tarkoitan dialogisia kohtaamisia. Dialoginen kohtaaminen on tyhjän tilan kohtaaminen, jossa ei ole virallista agendaa. Siinä kohtaamisessa on kolme vaihetta. Kirjautuminen, josta käytämme lyhyesti nimitystä check in. Sitä seuraa teeman tai teemojen käsittely. Teemat voivat nousta esille kirjautumisen vaiheessa tai ne on sovittu etukäteen. Sessio päätetään kirjautumalla ulos eli check out. Hyvissä dialogisissa kohtaamisissa luottamus on niin korkealla tasolla, että osallistujat uskaltavat kertoa omasta oikeasta tunnetilastaan. Joissakin check in -tilanteissa tulvahtaa esille henkilökohtaisia surun tai ilon aiheita. Kun osallistuja on kertonut niistä, hän pystyy vapautumaan aitoon dialogiin ja muut osallistujat ymmärtävät toisen tunnetilan. Kun luottamus on tarpeeksi korkealla tasolla, tämä ensivaihe voi kestää jopa tunteja. Muistan elävästi alle viidentoista hengen dialogiseen kohtaamiseen, jonka kokonaisaika oli neljä tuntia. Kirjautuminen eli check in kesti kolme tuntia. Sen jälkeen aloitimmekin ulos kirjautumisen eli check outin.

Varsinaisissa tiimin keskusteluissa eli dialogisessiossa nousevat esille sisältöasiat, kaikki ne seikat, mistä pitää yhdessä päättää. Yhtä tärkeää on, että jokainen tiimiläinen voi pyytää apua, tukea ja ratkaisuehdotuksia itselleen. Dialogisen session päättää myös loppukeskustelu eli check out. Siinä jokainen arvioi session onnistumista, pohtii omaa oppimistaan, seuraavia tekojaan ja suunnitelmiaan.

Dialogitreenin kesto on vähintään kaksi tuntia, mieluummin neljä. Dialogisia kohtaamisia pitää olla vähintään kerran kahdessa viikossa – suosittelen viikottain. Tämän lisäksi tulee varata aikaa oppimistiimin tai projektitiimien (tai niiden osien) suorakulmaisiin kohtaamisiin. Näissä tapaamisissa pitää sopia hoidettavat asiat ja tehdä päätöksiä. Keskeistä on myös projektiimien tiimiliiderien välinen yhteistyö. Tiimiliiderien pitää sopia keskenään tiimien toiminnasta. He sopivat, millaisia projektitiimejä tiimi tarvitsee ja mikä on niiden ydintehtävä.

Tiimeillä voi olla siis monenlaisia tapaamisia. Dialogisia ympyräsessiota, joissa pääroolissa ovat ihmiset, dialogi ja oppiminen. Dialogiset ympyräsessiot ovat etupäässä oppimistiimeille. Päätöksentekoon tähtäävissä suorakulmapalavereissa keskiössä ovat asiat ja päätöksenteko. Suorakulmapalaverit ovat etupäässä projektitiimeille. Yksi johtaja sanoi viisaasti: "Yritän maksimoida dialogiset sessiot, sillä viisaus on ihmisissä ja heidän ajatuksissaan." Tiimivalmentajan tai tiimiliiderin on huomioitava dialogisissa kohtaamisissa kiteytykset ja päätöksenteko. Dialogin tulee johtaa kokeiluihin ja tekemällä oppimiseen mielellään suoraan asiakkaan kanssa. Näistä kokeiluista ja teoista tulee sisältöä seuraaviin dialogisiin kohtaamisiin.

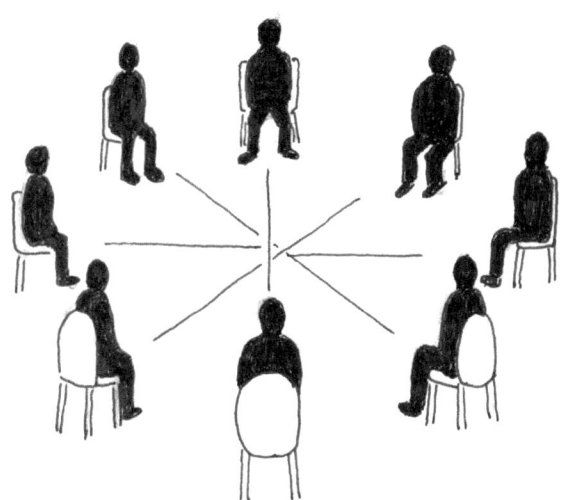

YMPYRÄ- ELI DIALOGI-SESSIO

- Etupäässä oppimistiimeille
- Pääroolissa ihmiset
- Check-in > dialogi teemasta > check-out

SUORAKULMAPALAVERI

- Etupäässä projektitiimeille
- Pääroolissa asiat ja päätökset
- Check-in > asian esittely ja päätös > check-out

Kuva 6. Ympyräsessio ja suorakulmapalaveri

37

Jaettu Visio

Oppimistiimille pitää kehkeyttää yhteinen tavoite eli jaettu visio. Hyvä tavoite ei voi olla vain johdon sopima ja jalkauttama visio, vaan vision pitää nousta tiimiläisistä. Johdolla voi olla ajatus visiosta, joka alistetaan dialogiin koko tiimin kanssa. Johdon, henkilöstön ja omistajien visio muotoutuu yhdeksi jaetuksi visioksi eli yhteiseksi suunnaksi. Jaettu visio on organisaation aito visio, joka ei ole johdon antama yksisuuntainen käsky. Henkilöstön rooli jaetun vision tekemisessä on keskeinen. Johdon rooli on toimia koko organisaation valmentajana. Yhteisen vision kirjaaminen ja visualisointi ovat erittäin tärkeitä. Jaetun vision kirjaaminen tiimisopimukseen on varsin suositeltavaa. Jaettu visio on itse asiassa tiimisopimisen ydin: se on tiimin yhteinen tiekartta tiimin kehittymiseen ja tavoitteisiin.

Vaikka tiimi voi tietää hyvinkin tarkasti oman numerollisen tavoitteensa, suosittelen pukemaan sen sanalliseen ja/tai visuaaliseen muotoon. Olen nähnyt monisivuisia johdon laatimia ohjeita tiimisopimuksesta, jotka latistavat innokkuuden jaettuun visioon. Muistan elävästi legendaarisen liigan jääkiekkovalmentajan Risto Dufvan kertoneen, että joukkueelle ei voi olla tylsempää tavoitetta kuin 78 pistettä runkosarjassa. Tämä pistemäärä takaa luultavammin runkosarjan ensimmäisen tilan ja pääsyn jatkopeleihin. Sen sijaan joukkue keksi sanallisen tavoitteen itse, jonka tuli toteutua jokaisen pelaajan jokaisessa tekemisessä, joka hetki. Tätä sanallista tavoitetta oli helppo verrata jokaisen pelaajan jokaiseen tekoon kentällä.

Pelisäännöt

Tiimien pitää sopia yhteisistä pelisäännöistä. Niiden tulee olla tarpeeksi tiukat, jotta ne mahdollistavat tiimin yhteisen tavoitteen toteutumisen. Toisaalta pelisääntöjen tulee olla tarpeeksi väljät. Niiden tulee sallia tiimiläisten henkilökohtaisen merkityksen muotoutumisen: autonomian, henkilökohtaisen mestaruuden, hyvän tekemisen ja yhteisöllisyyden kehkeytymisen. Dialogin perusperiaatteet muodostavat hyvän perustan yhteisille pelisäännöille: suora puhe, kunnioitus, kuuntelu ja odotus. Jos tiimiä ajatellaan leikin kautta, pelisäännöt ovat tiimin hiekkalaatikon reunat. Pelisäännöt kannattaa kirjata yhteiseen ja visuaaliseen tiimisopimukseen. Tiimisopimuksella luodaan tiimin oppimisen kulttuuria.

Tiimivalmentajan tulee siirtää mahdollisimman paljon vastuuta tiimille, ja antaa tiimin tehdä omat virheensä. Tiimin pelisäännöt ovat sellainen alue, jossa hänen tulee olla tarkkana.

Jos tiimiin pääsee syntymään ilmapiiriä heikentävä kulttuuri, sitä on vaikea korjata. Itse sähelsin kerran tiimin pelisääntöjen kanssa. Tiimissä oli muutama henkilö, erityisesti yksi, joka oli erittäin taitava ilkeilemään. He muodostivat tiimin pienen, mutta terävän opposition ja tukivat toinen tosiaan. Tämä kettuilija antoi ymmärtää tukevansa jotakin ihmistä tai tekoa tiimissä, mutta saattoi koko toiminnan kyseenalaiseksi ja pilkan kohteeksi. Kun itse olen kiltti ihminen, en osannut puuttua tähän. Minun olisi pitänyt kovalla puheella lopettaa tämäntyyppinen käytös tiimistä. Tämä heikensi koko tiimin toimintaa ja henkeä. Tiimin pelisäännöt muodostavat tiimin selkärangan.

Tiimisopimus

Tiimin tekemä tiimisopimus ja tiimin omat pelisäännöt ovat keskeisessä asemassa tiimin kehittymisessä. Tiimisopimus on laadittu pidemmälle ajalle: mihin olemme matkalla, millä edellytyksillä, resursseilla, kyvykkyyksillä ja aikataululla. Tiimin pelisäännöissä sovitaan tiimin käyttäytymiskoodi, aikataulu, sitoutuminen, kaverin tuki tai selustaan meneminen. Ideaaliolosuhteissa nämä olisi sovittu samassa kirjallisessa sopimuksessa, mutta tiimin pelisäännöt ovat monesti kirjaamaton, tiimin yhdessä ajattelema mielenmalli. Tätä voidaan kutsua tiimiparadigmaksi, eli tiimin yhteinen jaettu ymmärrys tiimin pelisäännöistä. Tiimiparadigma voi olla jokaisen tiimiläisen omassa mielessä erilainen, jos yhteisistä pelisäännöistä ei ole käyty tarpeeksi dialogia. Tiimivalmentajan työtä helpottaa kummasti näiden kummankin kirjaaminen sopimuksen tai visuaalisen piirroksen muotoon, jonka kaikki allekirjoittavat.

Muistan yhden tiimiyrittäjien (=opiskelijoiden) tiimin sopineen 100 euron myöhästymissakon tiimin dialogitreeneistä. Se on minusta aika paljon. Tiimikuri ja kunnioitus toisia tiimiläisiä kohtaan kasvoi kuitenkin merkittävästi. Tiimi otti monta kehitysaskelta kohti huipputiimiä. Muistan miettineeni, että yksi normaali oman tiimin Valmet-aikaisen toimintayksikön kokouksen tuntihinta oli suunnilleen sama kuin keskikokoisen paperikoneen tuntihinta, eli vähintään 5000 euroa. Myöhästyminen aiheuttaa aina hukkakäyntiä, joten tähän summaan verrattuna 100 euron sakko oli kohtuullinen. Kaikkea työajan tehokkuutta ei voida vain tällä tavoin mitata ja arvottaa.

Tärkeintä tiimisopimuksessa on se, että se on vapaamuotoinen ja tiiminsä näköinen. Tiimisopimuksessa ja tiimin pelisäännöissä tulisi mielestäni olla seuraavat elementit:

1. Jaettu visio – mihin tiimi on matkalla
2. Selkeä tarkoitus – miksi tiimi on olemassa
3. Halu työskennellä muiden kanssa eli tapaamiset (ajankohta, rytmi)
4. Rohkeus kyseenalaistaa rakentavasti
5. Selkeät pelisäännöt tiimin rakenteesta eli projektitiimit ja oppimistiimi

6. Toisten kunnioittaminen ja kannustaminen

7. Halu oppia ja auttaa muita oppimaan

8. Luottamus ja avoimuus

9. Virheiden ilmoittaminen, sietäminen ja ratkaiseminen

10. On vapaamuotoinen ja tiimistä noussut

Meidän oma tiimimme teki keväälle 2021 tiimisopimuksen. Korostimme jokaisen tiimiläisen roolia, ilmapiiriä, projektien kautta tekemistä, jokaisen omaa oppimissopimusta, arvoja ja periaatteita. Pidimme tärkeänä säännöllisiä tapaamisia. Halusimme pitää yllä hyvää energiaa huomioimalla onnistumiset. Jaettu visiomme oli "kirmaten kesään". Tässä onnistuimme.

Tiimivalmentaja

En voi kuvitella urheilujoukkuetta ilman valmentajaa. Miten yritys voisi toimia ilman toimitusjohtajaa, varsinkin jos hän ei valmentaisi asiantuntijoita oman työnsä ohella. Tiimi tarvitsee kapteenin eli johtajan ja valmentajan. Tiimivalmentaja tai valmentava johtaja muodostaa perustan tiimin rakentumiselle. Tiimivalmentaja seuraa tiimin kehittymistä monipuolisesti ja rakentaa tiimin omaa kulttuuria kärsivällisesti. Tiimivalmentaja toimii pääsääntöisesti valmentavalla otteella. Tiimivalmentajan roolista tarkemmin seuraavassa luvussa.

Oppimissopimus – oman elämän suunnitelma

Olen mielessäni miettinyt oman elämäni suunnitelmaa. Havaitsin, että sitä voi suunnitella myös kirjallisesti, kun tulin Jyväskylän ammattikorkean Tiimiakatemiaan. Siellä sain kaksi tiimiä valmennettavaksi. Olin tiimivalmentaja ja pääsin tiimimestareihin. Siellä törmäsin oppimissopimukseen, joka piti tehdä ihan itse. Ian Cunnigham kuvaa kirjassaan The Wisdom of Strategic Learning (1994) oppimissopimuksen ja osoittaa sen merkityksen myös oppimistulosten parantamisessa koko organisaatiossa. Oppimissopimus on oman osaamisen kehittämisen suunnitelma. Se auttaa hahmottamaan omia tavoitteita sekä ymmärtämään, millaisia oppimisen välineitä on tarpeellista käyttää, jotta omat tavoitteet voidaan saavuttaa. Oppimissopimuksen formaatti on yksinkertainen: se muodostuu viidestä avoimesta kysymyksestä. Tyypillisesti se laaditaan puolen vuoden tai vuoden aikajänteelle, joskin se on mahdollista laatia pidemmällekin. Sopimus tehdään itsensä ja edustamansa organisaation kanssa. Tärkeää on sen jakaminen oman työyhteisön kanssa. Tällöin työkaverit ja esimies voivat auttaa tavoitteiden saavuttamisessa.

Itse tein ensimmäinen kirjallisen oppimissopimuksen ja tajusin haluavani yrittäjäksi. Tehtailijaksi. Aloin etsiä myytäviä konepajoja ja liikeideaa. Samaan aikaan pitkäaikainen avioliittoni hajosi ja tuhlasin energiani raivopäiseen yrittäjyyden etsimiseen. Luulin osaavani valmentaa tiimejä. Kriisin kautta tajusin keskittyä ydintehtävääni. Uudistin oppimissopimukseni: keskity vähään, niin saat paljon aikaiseksi. Keskityin tiimien valmentamiseen ja oman tehtävän tekemiseen kunnolla. Aloin saada tuloksia. Tein kirjan kaverijohtajuudesta. Yhtäkkiä minulle tarjottiin Tiimiakatemia Globalin Oy:n toimitusjohtajan paikkaa ja osakkuutta. Pääsin aivotehtailijaksi. Menin uudestaan naimisiin. Päivitin oppimissopimuksen kestämään vuoteen 2028. Aloin tehdä puolen vuoden visuaalisia oppisuunnitelmia. Kirjasin sinne, että haluan itselleni ihanan vaimon ja perheen. Löysin vaimon ja muutin rakkauden ansiosta vielä Pispalaan.

Suomessa asiat pitää saada valmiiksi juhannukseksi ja jouluksi. Aivotehtailijan työ ei ole ollut aina helppoa. Olen kiitollinen kaikista opeista, joita olen saanut aikaisimmissa tehtävissä. Tärkein oppi on oppia koko ajan. Elän työssäni nykyistä unelmaani, ja sillä on merkitys: synnyttämme rohkeita tiimivalmentajia.

Omaan oppimiseen liittyvä lukeminen

Lukeminen luo uusia näkökulmia. Lue. Aina. Olen aina pitänyt kirjoista. Lukihäiriön takia olen hidas lukija, joten pidän äänikirjoista. Lukemiseni on mennyt aalloissa. Välillä luen enemmän, välillä vähemmän. Kun katson omaa elämää taaksepäin, niin kehittyminen on aina hidastunut, kun en lue. Lukemisesta saan uusia ajatuksia ja innoitusta elämään. Kirjoja luen tärkeään omakohtaiseen tarpeeseen. Saan kirjoista inspiraatiota ja uusi ajatuksia.

Tekemällä oppiminen

Minä opin tekemällä. Parhaimmillaan olen, kun huomaan osaavani eriomaisesti sen, mitä teen. Välillä pitää käydä alueella, jolla en ole niin hyvä. Tai joskus sattuu virheitä, jotka pitää tunnustaa itselle ja osallisille. Jos omia virheitä ei tuo julki, silloin niistä ei opi. Tekemällä oppimisen reflektointi on parhaimmillaan tiimin kanssa käytävässä dialogissa. Silloin voi peilata oikeasti kuinka hyvä on ja kuinka paljon voi vielä oppia. Jos luulen olevani jossain asiassa erinomainen, silloin kehitykseni pysähtyy. Samoin on toisinpäin, jos luulen olevani huono, niin silloin suoritukseni ei ole kovin kummoinen.

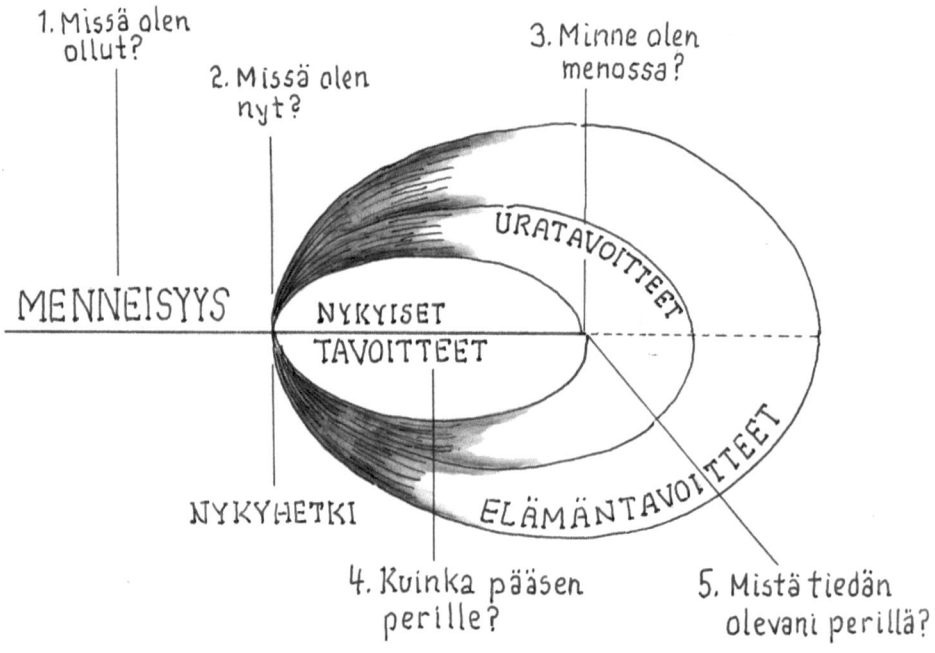

1. Missä olen ollut?

2. Missä olen nyt?

3. Minne olen menossa?

MENNEISYYS

URATAVOITTEET

NYKYISET TAVOITTEET

NYKYHETKI

ELÄMÄNTAVOITTEET

4. Kuinka pääsen perille?

5. Mistä tiedän olevani perillä?

Kuva 7. Oman elämän suunnitelma – oppimissopimus (Ian Cunningham, 1999).

Muutama empiirinen havainto ja kirjasuositus oman unelman toteuttamiseksi

Suunnitelma auttaa unelman toteuttamisessa. Tänään kävelin palaverin jälkeen antikvariaattiin. Löysin sieltä Sarasvuon Sisäinen Sankari -kirjan vuodelta 1996. Luin sitä puistossa. Osallistuin myös syksyllä 2016 saman sankarin "Puolita vitutus ja tuplaa tulokset III"-nettikurssille. Sarasvuo puhui elävästi ja visualisoi kurssilla: "Ennen pitkää seikkailua piirretään kartta."

Oskari Saari kuvaa Aki Hintsa- voittamisen anotomia -kirjassa coren eli oman ihmisyyden merkityksen kolmen kysymyksen kautta:

1. Kuka olen?
2. Mitä haluan?
3. Hallitsenko omaa elämääni?

Erityisesti kolmas kysymys tuo uutta näkemystä, kun joku muu tuppaa hallitsemaan omaa elämäämme. Omien kokemuksien ja kirjallisuuden kautta suosittelen lämpimästi oppimissopimusta.

Erkka Westerlundin mukaan oman itsetuntemuksen kehkeyttäminen lähtee huomiosta, joka kohdistuu itseen (reflektiosta). Toisessa portaassa, itsensä tuntemisen jälkeen, mahdollistuu itsensä johtaminen. Kolmannessa portaassa yhdessä tekemisen eli tiimin kautta voit systemaattisesti kehittää itseäsi. Neljännessä eli viimeisessä portaassa voi kehittyä valmentavaksi johtajaksi. Erkan motto "The big five of my life and sport" kuvaa mainiosti valmentamisen filosofisen ytimen. Ne ovat sisäinen motivaatio, asenne, itseluottamus, vastuullisuus ja suoritustunne.

Urheiluvalmentamiseen voi ammentaa oppia myös. Henrik Dettmanin Johtamisen taito -kirjasta, jonka Saska Saarikoski on kirjoittanut. Oskari Saaren kirjassa kuvataan Petteri Nykkyn valmennusfilosofia salibandy maajoukkueelle, kuinka Suomi voitti ensimmäisen kultamitalin ja vieläpä uusi sen. Petterin valmennusfilosofia on pelaajalähtöinen. Hän kuvaa kirjassaan, miten Petteri laittoi kaikki joukkueen jäsenet kirjoittamaan omia henkilökohtaisia tavoitteitaan maajoukkueleireillä. Hänen heittäytyi maaotteluissa sivuun ja antoi joukkueen itse rakentaa oman menestyksensä tukien oikeaa voittamisen kulttuuria tinkimättömästi.

Oman elämän oppimissopimus vaatii tekoja. Minusta strategia on verbi, sillä strategia vaatii tekoja. Se vaatii sitkeyttä ja toistoja. Monessa kirjassa korostetaan muutoksen elementteinä mikromuutosta.

Kirjassaan The Sprit of Kaizen Maurer ja Hirschman (2012) kuvaavat hienosti muutoksen elementit: muutoksen tulee olla niin pieni, ettei se maksa mitään ja se hyödyttää asiakasta.

Chet Holmes (2008) painottaa karate-mestarina ja myynnin guruna toistojen merkitystä kehittymisessä. Self-help kirjallisuus on erittäin laajaa. Jos on sopiva mielentila, niistä on apua oman itsensä kehittämisessä.

Brian Tracy väittää kirjassaan Eat That Frog, että vain kolmella prosentilla ihmisillä on kirjoitettu suunnitelma omalle elämälle. Uskon tähän lukuun, sillä kolme prosenttia kertoo Tiimiakatemian ja hieman vaikealukuisen Ian Cunnighamin kirjan pienestä levinneisyydestä. En tiedä, mistä Brian Tracy on prosenttinsa repäissyt. Kirjan pääsanoma on, että tee vaikein tehtävä heti, vaikkei se olisikaan kovin mieluinen, kuten sammakon syöminen.

Samankaltainen kirja on Viiden sekunnin sääntö, The Five Second Rule (Mel Robbins 2017). Minkä tiedät oikeaksi – tee se heti. Kirja kertoo siitä, miten Mel nousi tällä hyvin yksinkertaisella neuvolla risaisesta elämästä kukoistukseen. Myös seuraavat kirjat ovat tosi hyödyllisiä:

- James Clearin (2018) kirja Atomic Habits (Pura rutiinit atomeiksi) kuvaa miten saa kehitettyä hyvistä asiosta rutiineja.

- Tanskalaisen Svend Brinkmannin (2016) kirja Pysy lujana – elämä ilman self-helppiä antaa spartalaistyyliset ohjeet oman itsensä ja juurensa löytämiseksi. Ironisesti se on self-help-kirja, joka vastustaa self-help-kirjoja.

- Itse ihastuin Grace Beverleyn kirjaan Working hard – hardly working (2021). Grace Beverly jakaa 24-vuotiaan suurella itsevarmuudella itsensä johtamisen ja yrittämisen ohjeita kertoen samalla oman yrittäjätarinansa. Olin siirtynyt iPad:n piirustusohjelmien käyttöön, mutta tästä kirjasta innostuneena otin taas käyttöön paperisen vihon ja värikynät. Sen verran paljon ja usein hehkutin kirjaa meidän dialogitreeneissämme, että kirjan nimestä tuli "kirja-jonka-nimeä-ei-saa-enää-sanoa". Kuuntelin kirjan kolme kertaa.

Kulttuurinen muutos on sitkeyden ja määrätietoisuuden tie

Jos jokin organisaatio kuvittelee olevansa paras, eikä kehitystarpeita nosteta esille, organisaatio taantuu. Perinteisesti työyhteisöissä on erittäin vahva yksin tekemisen kulttuuri. Tämä näkyy johtoryhmistä alkaen. Usein juuri niissä on kilpailullinen henki. Johtajat ovat kilpailullisia ja haluavat edetä urallaan. Tämä johtaa siihen, että pelataan helposti toisiaan vastaan ja avoimuus katoaa. Omat virheet yritetään peittää ja toisten virheitä kaivetaan esille. Johto**ryhmä** onkin hyvä nimitys johtoporukalle: jäsenet ovat tietoisia toisistaan, mutta eivät ole sitoutuneet yhteiseen tavoitteeseen. Johto**tiimi** sen sijaan sitoutuu yhteiseen tavoitteeseen eli jaettuun visioon.

Johtotiimin avulla saavutetaan parempia tuloksia, mutta sen rakentaminen vie aikaa. Siksi valmentavan johtajan tulee luoda luottamuksen ilmapiiri, joka tarkoittaa äärimmäistä avoimuutta ja oman haavoittuvuuden tunnustamista.

Brené Brown kirjoittaa psykologisen turvallisuuden rakentamisesta kirjassaan Rohkaiseva johtaja (Dare to lead, 2020/2018). Psykologinen turvallisuus on keskeistä luottamuksen rakentamisessa. Brené Brown kuvaa sitä marmorikuulien keräämisellä isoon lasipurkkiin. Jokainen johtajan luottamuksellinen teko tuo yhden marmorikuulan purkkiin. Epäluottamusta herättävä teko voi poistaa yhden, useamman tai jopa kaikki kuulat kerralla. Kun lasipurkki on täynnä marmorikuulia, on luottamus korkealla.

Asiantuntijoiden toimenkuva ja työajan käyttö on määrätty hyvin tarkasti perinteisessä työyhteisössä. Aikaa ja mahdollisuuksia yhteispeliin on hyvin rajallisesti. Olen törmännyt työyhteisöihin, joissa asiantuntijan palkka koostuu seitsemästä eri elementistä ja työajan käyttö on määritelty viidentoista minuutin tarkkuudella. Tämänkaltainen työyhteisö on sopimuksien vanki. Eräs valmentava johtaja ohjasi tämän kaltaisessa tilanteessa työyhteisöä seuraavasti: "Yritän minimoida muodollisiin tapaamisiin varatun ajan ja maksimoida epämuodollisen ajan."

Kulttuurin muutoksen tekeminen on pitkä tie, jolle tarvitaan päämäärä. Muutos vaatii sitkeyttä ja määrätietoisuutta. Keskeistä on jatkuva dialogi ja tekemällä oppiminen. Tulosten ja epäonnistuneidenkin kokeilujen esille nostaminen avoimesti on keskeistä oppimisen kannalta. Tiimikulttuurin rakentaminen on rohkea ja hieno päämäärä. Tiimioppiva kulttuuri luo todellisia vaikutuksia: organisaation ilmapiiri kukoistaa ja oppimistulokset paranevat.

Tiimioppiminen on kokemuksellista oppimista

Saavuin valmennuspaikkaan samalla oven avauksella viereisen tilan kouluttaja kanssa. Hän ilmoitti pitävänsä "valmennuksen". Järkyttyneenä katsoin häneen koulutustilaansa. Pöydät sievissä riveissä, kouluttajan pöytä edessä. Kouluttaja kokoaa siellä esitystään edellisen kerran pohjalta ja vaihtaa päivämäärän, koulutettavan organisaation nimen ja paikan. Dataheitin on kuumana ja valmiina sylkemään lähes 1000 powerpointtia koulutettavien verkkokalvoille. Osanottajat aloittavat tilan täyttämisen takarivistä.

Menemme valmentajakollegani kanssa viereiseen valmennustilaan. Laitamme tuolit harmoniseen ympyrään dialogia varten. Ensivaikutelma on kohtaamisessa erittäin tärkeää. Siksi panostan aloitukseen ja siihen liittyvän tunnelmaan. Tilassa se on hyvä, fengshui eli oppiminen on harmoniassa oppimisympäristön kanssa. Sen täydentää kaunis näkymä metsämaisemaan ja auringon kesäinen valo. Pöydät ovat huoneen seinien vierustoilla. Niille olemme kasanneet tiimivalmentamisen teemaan sopivia kirjoja. Päivän aiheena on tiimioppiminen ja johtaminen. Olemme valinneet seinille muutamia keskeisiä, fläpeille visualisoituja teorioita teemasta.

Mietimme hyvää check in -kysymystä. Miten saamme luotua oppimistiimiin hyvän tunnelman. Laitamme soimaan Bruce Springsteenin soittolistan. Valmennettavat tulevat sisälle. He alkavat höpötellä oman kaverin kanssa silmäillen samalla sisään tulevia. Heidän olemuksensa kertoo lievästä jännityksestä ja hämmennyksestä. Näen heidän päänsä sisällä surraavan: mihin olen tullut?

Aloitan johdannolla juuri kuuntelemastani oppimista käsittelevästä Carol S. Dweckin (2006) Mindset äänikirjasta. Kerron, että menestyksessä on kyse itsensä kehittämisestä ja uuden oppimisen tavoittelemisesta: onko sinulla kehittyvä vai suljettu mielenmalli (growth vai fixed mindset)? Valmentajaparini pohtii oppimisen tavoitetta ja kysyy: mitä sinulle kuuluu ja minkä kirjan olet lukenut johtamisesta tai oppimisesta? Koska tapaamme vasta ensimmäistä kertaa, osallistujat eivät tunne toisiaan kunnolla, vaikka jotkut tulevat samasta työpaikasta, ja toiset tekevät töitä yhdessä. Valitettavasti aitoa dialogia tapahtuu työpaikoilla harvoin. Rohkaisemme osallistujia dialogiin. He kertovat keskeisiä asioita omasta elämästään, ajatuksistaan ja työpaikastaan. Tiimivalmennuksessa ja tiimioppimisessa on keskeistä nostaa käsiteltävät teemat esille valmennettavista.

Kysyn, ketkä haluavat olla pienempien projektitiimien valmentajia eli "lilla tränareita". Oppimistiimistä nousee esille neljä vapaaehtoista. Muiden pitäessä pientä taukoa keskustelemme valmentajakollegani ja lilla tränareiden kanssa, mikä on ensimmäisen harjoitteen teema ja miten jaamme osanottajat pienempiin eli projektitiimeihin. Näin lilla tränaret alkavat ottaa vastuuta oppimisprosessista. Korostamme, että tärkeintä on luottamuksen rakentaminen, joka alkaa aidosta dialogista. Päädymme siihen, että ensimmäisessä harjoitteessa eli treenissä projektitiimit tutustuvat toisiinsa, pohtivat hyviä johtamiskokemuksia ja tekevät vapaamuotoisen kiteytyksen ennen lounasta. Purkaessamme treenin tuloksia yhteisessä dialogissa huokuu osallistujista valtava osaaminen, lievä innostuneisuus ja piilevä turhautuminen – mitä minä voin muka muuttaa? Dialogi alkaa elää. Työyhteisön vahvuuksia ja kipukohtia nousee esille.

Osallistujat ovat valmistautuneen ennakolta lukemalla oppimiseen liittyviä kirjoja. Pohdimme muutamia teorioita. Yksi niistä on oppimistiimin merkitys oppimiselle ja kuinka se eroaa projektitiimistä. Minä ja valmentajaparini istumme lounaalla lilla tränäreiden kanssa samaan pöytään. Pohdimme, miten aamupäivä sujui ja mikä olisi seuraava askel. Huomautan kauniista ilmasta, kuntopolun mahdollisuudesta ja tiimivalmentajan roolista – enemmän kuuntelua, reflektointia ja yhteenvetojen tekemistä kuin suoria vastauksia ja neuvoja.

Kollegani kysyy lilla tränareilta, mitä työyhteisön strategiassa on kirjoitettu muutoksesta. Jotkut muistavat nähneensä jonkin dokumentin. Päätämme, että projektitiimit etsivät yhden konkreettisen asian, jolla voidaan parantaa johtamista. Samalla perehdytään myös työyhteisön strategiaan. Lilla tränaret lähtevät tohkeissaan jatkamaan työtään.

Tapaan viereisen tilan kouluttajan lounaskahvilla. Kysyn, miten hänellä menee? Hänen "valmennuksensa" eli koulutus on kuulemma mennyt hyvin ja he ovat käyneet läpi johtamisen teoriat. Iltapäivällä hän aikoo esitellä johdon laatimat tavoitteet ja sitouttaa koulutettavat. Hän lähtee takaisin omaan tilaansa kysymättä minulta mitään. Itse lähden kävelemään ulos valmentajakollegani kanssa. On kaunis kesäinen ilma. Aurinko paistaa. Yksi projektitiimi tulee meitä vastaan. He ovat huomanneet vihjeemme kauniista ilmasta. Heillä näyttää olevan iloinen ja riemukas tunnelma. Vaikuttaa siltä, että luottamus tiimissä on selkeästi saavutettu ja projektitiimin lilla tränare on osannut ottaa roolinsa.

Tiimivalmentamisessa on keskeistä luovuttaa oma valmentamisen valta projektitiimeille ja lilla tränareille. Tiimivalmennus on kokemuksellista oppimista. Siinä oppija itse ottaa vastuun omasta oppimisestaan. Tekemällä ja itse kokemalla syntyy oivalluksia ja todellisia muistijälkiä eli oppimista. Samalla tavalla valmennettavat oppivat toimimaan työyhteisössä, jos johto vain suostuu luopumaan vallasta ja turhasta kontrollista.

Siirrymme takaisin dialogitilaan. Projektitiimit alkavat jakaa oivalluksiaan. Esitykset ovat vapaamuotoisia. Yhdellä tiimillä on visuaalinen fläppi. Toinen tiimi laittaa meidät etsimään lisää ideoita. Kolmas tiimi esittää koskettavan näytelmän siitä, kuinka tehtiin ennen ja kuinka muutetaan tekemistä. Neljäs tiimi esittää lyhyen videon, jonka ovat kuvanneet. Esityksistä päätellen työyhteisön strategia on kaivettu esille. Yksi tiimi oli perehtynyt uuteen koulun opetussuunnitelmaan. Käymme esityksistä yhdessä dialogia. Siinä hersyy innostus.

Seuraavaksi projektitiimit antavat palautteen omille lilla tränareilleen. Kehittymisen kannalta palautteen saaminen on tärkeää. Missä onnistuin, mitä voisin kehittää eteenpäin? Avaamme valmentajakollegani kanssa fläpiltä seuraavan kerran innostussyötteet. Koska valmennusohjelmissa tärkeintä ei ole se, mitä tapahtuu itse valmennuspäivissä, vaan mitä tapahtuu niiden välillä, annamme valmistautumisohjeiksi seuraavalle kerralle muun muassa kirjavinkkejä, sekä kannustamme tekemään omia tiimioppimisen ja tiimivalmentamisen kokeiluja.

Lopuksi on vuorossa check out. Asetan kysymyksen: mitä muutoksia teet omassa toiminnassasi tämän valmennuksen perusteella? Käymme kierroksen läpi niin, että kaikki pääsevät ääneen. Lopuksi rohkaisen tekoihin ja suosittelen James Clearin kirjaa Atomic Habits (Pura rutiinit atomeiksi). Kerään kirjani, fläppini ja marssin autoon. Käymme vielä valmentajakollegani kanssa reflektion eli motorolan kautta läpi sen, mikä valmennuksessamme meni hyvin, mikä meni huonosti, mitä opimme ja mitä laitamme käytäntöön seuraavalla kerralla. Todellakin, tiimivalmennus on aina kokemuksellista oppimista, niin osallistujille kuin tiimivalmentajillekin.

Dialogi luo itseohjautuvuutta

Tuolit muodostavat symmetrisen ympyrän. Minua jännittää tiimivalmentajana. Ringissä on noin 25 oppijaa ja kaksi tiimivalmentajaa. Osa oppijoista on hiljaa. Käynnissä on muutama iloinen keskustelu ja yksi vakavampi. Tunnistan kolme introverttia, jotka ovat aivan hiljaa ja tuijottavat eteensä lähes paniikinomaisesti. Puheen sorinasta voi päätellä kokonaistunnelman. Se on odottava.

Dialogi alkaa tyhjyydestä. On minä ja muut. Katkaisen puheensorinan nostamalla käden ylös. Aloitan omalla puheenvuorollani. Kertaan dialogin säännöt: suora puhe, kunnioitus, kuuntelu ja odotus.

Yleensä aluksi kysyn jotain vähän häröä ja avointa. Omalla avoimuudella ja esimerkillä yritän luoda rentoa tunnelmaa. Onnistun ja tunnelma vapautuu hieman. Keskustelu alkaa virrata aluksi hitaasti. Tarkkailen dialogin kehkeytymistä. Minun haasteeni on, että kun innostun itse jostain teemasta, valtaan koko ilmatilan. Yksi haasteellisimmista tiimivalmentajan laeista on puuttumisen laki: "Kun tiimivalmentajasta tuntuu, että pitäisi puuttua dialogiin tai asiaan, niin silloin ei pidä. Ja kun tuntuu, että ei pitäisi puuttua, niin silloin juuri pitää puuttua." Tasapainoilen hyvän tunnelman luomisen ja hiljaa pysymisen välillä.

Yritän pysyttäytyä kysymisessä. Kun ensimmäinen introvertti alkaa puhumaan, on saavutettu luottamuksen ensimmäinen taso. Sitten innostun ja ohjaan dialogia. Sanon itselleni mielessäni: ole hiljaa lörppäsuu ja anna muiden puhua. Puheenvuoroni jälkeen on

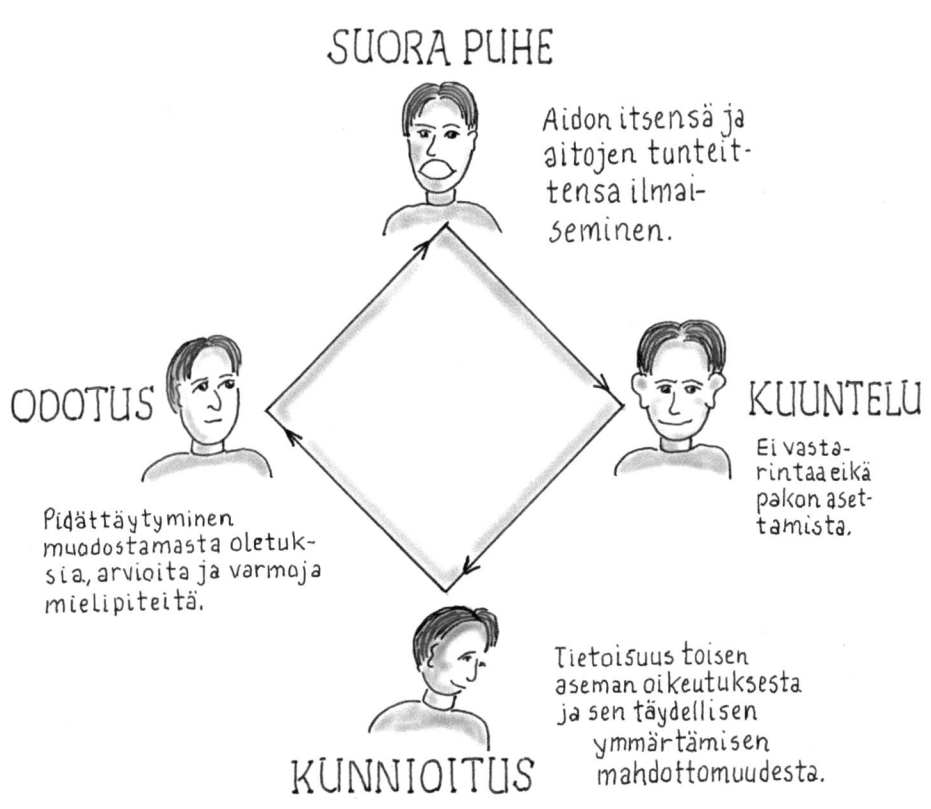

Kuva 8. Dialogin säännöt (Isaacs 2001).

hiljaista. Päätän pysyä hiljaa. Odotan, että dialogi virtaa jälleen. Nyt onnistun pitämään suuni kiinni. Joku kysyy, mitä me laitamme tästä käytäntöön? Kysyn, kuka oppimisesta ottaa vastuun? Tiimi päättää hajaantua pieniin ryhmiin ja jakaa jokaiselle pikkutiimille vastuualueen.

Tiimivalmennus perustuu sosiaaliseen konstruktionismiin eli tiedon ja käsitteiden yhteisölliseen rakentumiseen. Ajatuksena on, että tieto ei siirry automaattisesti oppijaan, vaan oppija rakentaa tiedon uudelleen omista tarpeista lähtien. Oppiminen on toiminnallista. Oppija innostuu kokeilusta, kysymyksistä, ratkaisuista ja ymmärtämisestä. Tilannesidonnainen vuorovaikutus eli dialogi tukee oppimista. Tiimi on yksilön (oppijan) oppimisen väline. Tiimi ja yksilö vahvistavat toisiensa kasvamista. Reflektio eli tekemisen, kokemisen, oivallusten, palautteen ja uuden teorian puntarointi ovat keskeisessä asemassa.

Tietoteoria

Kuva kahdeksan esittää syvällisesti japanilaisten professoreiden Ikujirō Nonakan ja Hirotaka Takeuchin tiimioppimisen sielun. Kaikki alkaa dialogista. Oppijoilla on hiljaista tietoa. Ensimmäisessä vaiheessa tieto jaetaan dialogissa sosialisaation eli höpöttämisen kautta. Toisessa vaiheessa tietoa tiivistetään ja siitä syntyy julkista tietoa, kiteytyksiä ja yhteenvetoja. Kolmannessa vaiheessa tiedosta muodostuu suunnitelma, joka aiotaan laittaa käytäntöön. Neljännessä tietoa kokeillaan ja sovelletaan eli sisäistetään.

Dialogin virratessa yritän olla läsnä. Läsnäoleva kuuntelu on vaikeaa. Aina. Mietin dialogin sääntöjä ja tietoteoriaa. Dialogin säännöistä yritän pitää huolen, jotta tiimin voima tulee esille. Tiimi on vahvimmillaan, kun kaikki tiimin jäsenet osallistuvat tavalla tai toisella.

Hiljaisemmilla on oikeus olla hiljaa. Kehon eleistä voi joskus lukea, että nyt introvertti on sanomaisillaan jotain. Silloin tiimivalmentajalla on mahdollisuus saada kysymällä tämä viisas ajatus dialogiin.

Introvertti pystyy useasti terävästi kiteyttämään monen tunnin dialogin ydinajatukset muutamaan lauseeseen. Joskus joku puheliaampi tai muutama ekstrovertti valtaa dialogin ilmatilan. Jos tiimi on kehityksen alkuvaiheessa, eikä uskalla tai osaa tasapainottaa ekstrovertin puheaikaa, olen jakanut kymmenen minuutin punaisen hiljaisuuskortin. Myös hyvä kysymys hiljaisemmille ohjaa dialogia oikeaan suuntaan.

Tietoteoria pyörii takaraivossani. Dialogin pitää muuttua tekemällä oppimiseksi. Tiimioppiminen ei ole pelkästään dialogia, vaan myös tekemällä oppimista. Tiimin pitää itse ymmärtää ottaa esille ne kokeilun aihiot, joista voisi syntyä tekemällä oppimista. Höpötys on dialogin polttoaine. Tarkkailen esiin nousevia kiteytyksien tai kokeilujen

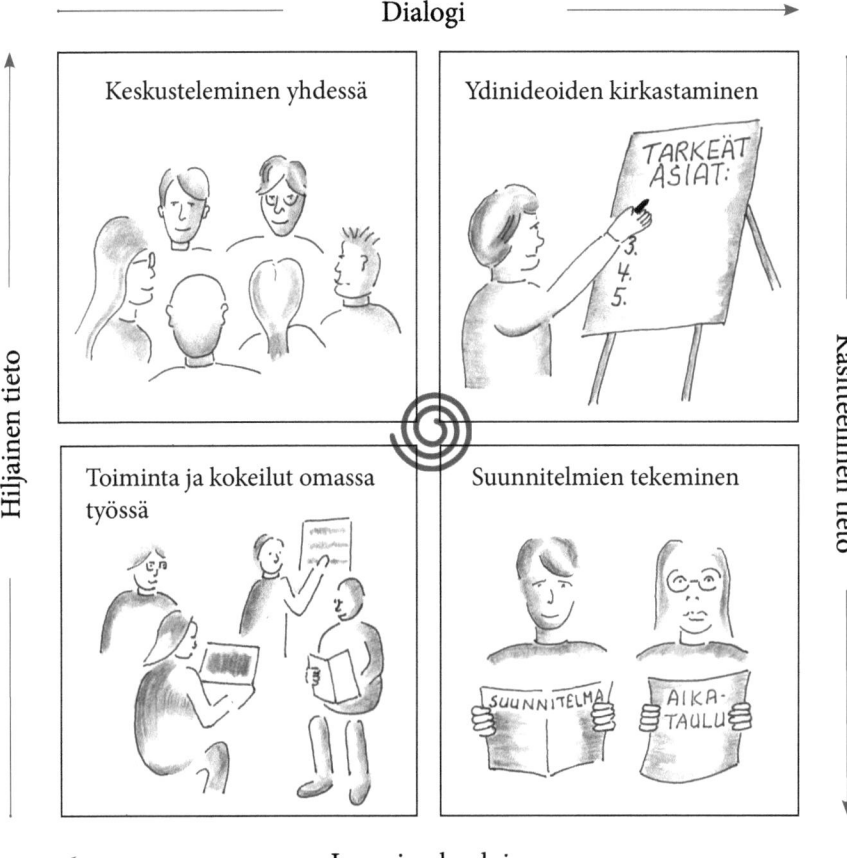

Kuva 9. Tietoteoria (Nonaka & Takeuchi 1995)

aihioita. Edistyneessä tiimissä voi syntyä suunnitelma. Hypätään jopa käytäntöön ihan heti. Joku tai jotkut nousevat ylös ja laittavat toimeksi koko tiimin kanssa. Tietoteorian kehä on pyörähtänyt ympäri. Jo kiteytyksen aihiotkin ovat tärkeitä dialogissa. Niitä yhdessä pohtimalla syntyy pikkutiimeissä kokeilun aihioita ja lupauksia käytännön toimista. Dialogin kautta tiimioppiminen synnyttää yhdessä ohjautuvuutta.

Tiimitoiminnan organisointi

Tiimien rakentaminen vaatii johdolta viisautta yhdistää toiminnan organisointi ja oppiminen. Kenraali McChrystal (2015) kuvaa kirjassaan Teams of Teams amerikkalaisten sodan johtamisesta Irakissa Al-Qaidaa vastaan 2000-luvun alussa. Ainakin omassa mielessäni sotavoimat ovat lähtökohtaisesti hierarkkinen organisaatio, mutta tosiasiassa aina oppiva sotaorganisaatio on voittanut sodan. Sota on tasapainoilua monimutkaisuuden ja sopeutuvuuden välillä. Sotaorganisaation monimutkaisuus syntyy keskinäisestä riippuvuudesta ja nopeudesta. Tuhannet, kymmenet tuhannet, jopa sadat tuhannet miehet odottavat koordinoituja käskyjä, kuinka toimia nopeasti ja tehokkaasti. Vihollisen liikkeet ovat arvaamattomia, ja niitä vastaan tulisi toimia jotenkin järjestelmällisesti. Sotavoimien sopeutuvuus on voimaantuvaa toimintakykyä ja jaettua tietoisuutta. Tämä muodostuu luottamuksesta ja yhteisestä merkityksestä.

Kenraali McChrystalin (2015) mukaan amerikkalaiset lähtivät sotaan Al-Qaidaa vastaan perinteisellä hierakisella johtamismallilla (command-malli, kuva 10). Terroristijärjestö osoittautui tätä johtamismallia vastaan aina tehokkaammaksi. Seuraavaksi kokeiltiin tiimien johtamismallia, jossa tiimit olivat itsenäisiä ja johto ohjasi jokaisen tiimin toimintaa (command of teams). Tälläkään mallilla ei saatu tuloksia. Viimeisenä vaihtoehtona kokeiltiin tiimisty-mallia (teams of teams), jossa tiimeillä oli valta omasta toiminnasta ja kokonaisuuden johtamista. Tällä mallilla amerikkalaiset kukistivat Al-Qaidan Irakista.

Jos sotaorganisaatio voi toimia näin tiimilähtöisesti ja jakaa vallan tiimeille, miten se olisi mahdotonta muille työyhteisöille? Työntekijöiden omistama osuuskuntamuotoinen yritys olisi ideologisesti paras mahdollinen alusta tämän muotoiselle johtamiselle. Itse asiassa maailmassa on muutamia tällaisia yrityksiä kuten Mondragonin osuuskunta Baskimaassa Espanjassa. Osuuskunta on itse asiassa osuuskuntien liittymä, joka koostuu noin 100 pienemmästä osuuskunnasta. Sillä on työntekijöitä yli 80.000 ja liikevaihto yli 12 miljardia euroa. Yhteiset arvot eli yhteistyö, osallistuminen, sosiaalinen vastuu ja innovaatiot ohjaavat Mondragonin valtavan osuuskunnan toimintaa. Yksi osuuskunta on Mondragonin yliopisto – mitä jos kaikki yliopistot ja koulut olisivat opettajien omistamia?

Minulla on muutamia kavereita Mondragonin osuuskunnan osakkaina. Ymmärtääkseni uusi työntekijä on viisi vuotta koeajalla. Tämän koeajan jälkeen työntekijä voi ostaa osakkuuden osuuskunnasta noin 15000 eurolla. Koko osuuskunta kantaa vastuun myös ikävistä päätöksistä. Jokunen vuosi sitten yksi Mondragonin yhteenliittymän osuuskunnista meni konkurssiin sillä seurauksella, että jokaiselle osuuskunnan jäsenelle maksettiin vain 80 prosenttia palkasta muutaman vuoden ajan. Yhteenliittymä on kasvanut Baskimaan suurimmaksi ja Espanjan kymmenenneksi suurimmaksi yritykseksi, mikä on vahva merkki toimintamallin onnistumisesta. Osuuskunta on erinomainen väline ajaa omistajien etua. Keskeistä on, ketkä ovat omistajia: tuottajat, asiakkaat vai työntekijät. Omien havaintojeni mukaan työntekijäomisteinen osuuskunta pysyy parhaiten omistajien tahtotilan hallinnassa. Asiakas- tai tuottajalähtöisessä osuuskunnassa toimiva johto voi saada asiantuntijavallan.

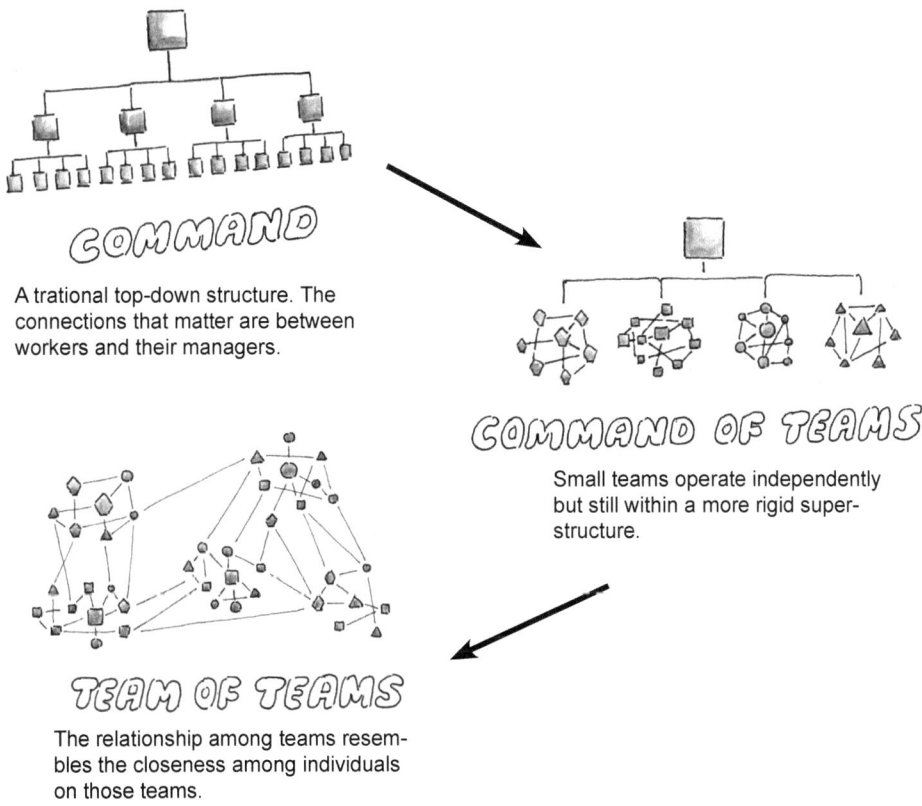

COMMAND

A trational top-down structure. The connections that matter are between workers and their managers.

COMMAND OF TEAMS

Small teams operate independently but still within a more rigid super-structure.

TEAM OF TEAMS

The relationship among teams resembles the closeness among individuals on those teams.

Kuva 10. Käskyttämisen malli, tiimien komento malli ja tiimisty malli. (McChrystal, 2015).

4. Tiimivalmentaja ja valmentava johtaja

Uudet johtamismallit

Gary Hamelin kirja Johtamisen tulevaisuus (2007) sai minut miettimään johtamisen muutospaineita. Hamel on sitä mieltä, että johtaminen pitää keksiä uudelleen. Olen samaa mieltä. Vanhan henryfordilaisen kvarttaalijohtamisen aika on ohi. Me tarvitsemme uuden, nykyajan "taylorismin". Väitän, että uusi johtamisen paradigma on tiimioppiminen - yhdessä tekeminen, oppiminen ja johtaminen. Tarvitsemme enemmän johtajuutta, mutta vähemmän johtajia. Valmentava johtajuus ja ihmislähtöinen valmentajuus ovat jo olleet nousussa 1990-luvulta lähtien. Nyt 2020-luvulla on läpimurron paikka.

Johtaminen voidaan jakaa kolmeen johtajuuden tekijään: asioiden johtamiseen, ihmisten johtamiseen ja ihmisten valmentamiseen. Asioiden johtaminen on perinteisesti keskeisintä – se on oikeasti tärkeää, kuten se, että asiakas saa juuri sen mitä on tilannut ja työntekijöille pystytään maksamaan palkat. Ihmisten johtamisessa keskeistä on innostaminen yhteiseen visioon. Ihmisten valmentamisessa keskeistä on ihmisten oppiminen. Asioiden johtamiseen, ihmisten johtamiseen ja valmentamiseen tarvitaan tiimi.

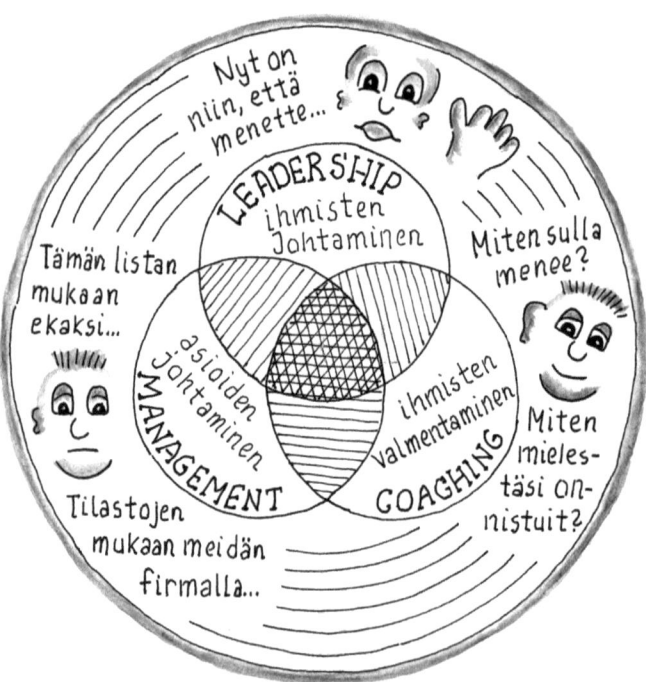

Kuva 11. Tiimin asioiden johtaminen, ihmisten johtaminen ja tiimivalmentaminen.

Nykyajan asioiden johtaminen eli strategian tekeminen pohjautuu Porterin (1980) teoksiin strategisista valinnoista. Porter painotti valintaa: erotu tai leikkaa kustannuksia. Yrityksen piti siis valita näiden kahden osa-alueen välillä. Kim ja Mauborgne kehittivät valinnan logiikkaa eteenpäin. He kehottivat valitsemaan toimialan keskeiset kilpailutekijät ja erottumaan niiden kautta yrityksen omalla strategiaprofiililla. Siinä kuvataan sitä, mitä yrityksen strategisia elementtejä tulee luoda, korostaa, supistaa tai eliminoida.

Ihmisten johtamisen edelläkävijä on Jim Collins, joka luo kirjoissaan Build to Last (1994), Hyvästä Paras (Good to Great 2001) ja Tietoisesti Paras (Great by Choice 2011) erityyppisen viitekehyksen ihmisten johtamiseen. Hyviä aiheesta kirjoittaneita kirjailijoita on paljon: Gary Hamel, Bob Maurer, Ian Cunningham, Peter Senge, Daniel Kahneman ja John Kotter, vain muutamia mainitakseni.

Hyviä valmentamisesta kertovia kirjoja ovat urheiluvalmentamisen kirjat. Valmennusfilosofiaansa ovat avanneen muun muassa Axel Ferguson, Erkka Westelund, Petteri Nykky, Henrin Dettman ja Aki Hintsa. Monet aiheeseen liittyvät liike-elämän kirjat lähtevät yksilön valmentamisesta. Niistä on syytä mainita Michel Bungayn kirja The Coaching Habit (2016), Jari Salmisen Taitava tiimivalmentaja (2013), Marja-Riitta Ristikankaan ja Vesa Ristikankaan Valmentava johtajuus (2010) ja Dan Sobackin samanniminen Valmentava johtajuus (2021).

Uudessa johtamismallissa asioiden ja ihmisten johtaminen sekä valmentaminen yhdistetään tiimivalmentamiseksi. Johtamisen perustan luovat ihmiset ja heille annettu johtamisen valta. Työyhteisölle annetaan vapaus toteuttaa itseään. Ihmiset tekevät työyhteisöltä vaaditut asiat jaetun vision mukaisesti. Keskeisessä roolissa on toiminnan mittaaminen. Jaetun vision tuloksia mitataan näkyvästi ja avoimesti. Mittarien tulee olla tarpeeksi selkeitä, yksinkertaisia, tiimiläisestä lähteviä ja tulokseen ohjaavia. Johtajuus perustuu parijohtamiseen, jossa tiimivalmentajan päävastuuna on tiimin kehittäminen ja tiimiliiderin asioiden johtaminen.

Tiimivalmentajan ja valmentavan johtajan ero

Jos valmentaja kantaa vastuun vain tiimin oppimisesta, kyseessä on tiimivalmentaja. Jos valmentaja kantaa vastuun tiimin oppimisesta ja tuloksista, kyseessä on valmentava johtaja.

Tiimivalmentajan keskeisenä roolina on rakentaa tiimin oppimiskulttuuria ja -prosessia. Tiimivalmentajan tulee olla tiukkana oppimiskulttuurin periaatteiden noudattamisessa, mutta samalla "pehmeä" ja empaattinen oppijoita kohtaan. En itse usko nopeisiin, päivän tai parin pituisiin valmennuksiin tai koulutuksiin. Oppiminen on niin hidasta, että kohtaamisia on oltava useita, jotta syntyy pidempi oppimisprosessi. Näiden sarjakohtaamisten välissä on oltava käytännön tekoja, pienten tiimien reflektointia ja teoreettisen tiedon hankkimista lukemalla, kuuntelemalla tai katselemalla. Tätä oppimismallia kutsutaan prosessioppimiseksi.

Valmentaja ja kouluttaja nimitykset sekoitetaan usein lahjakkaasti. Moni ansiokas kouluttaja tituleeraa itseään valmentajaksi. Kun kouluttaja kantaa vastuun oppimisesta, oppiminen lähtee kouluttajan teorioista ja hän on äänessä suurimman osan ajasta, on väärin kutsua tilaisuutta valmennukseksi tai kouluttajaa valmentajaksi.

Oheinen kuva esittelee tiimivalmentajan roolia. Tiimivalmentaja toimii 80 prosenttia ajasta valmentamisen alueella: hän kuuntelee, reflektoi, kertaa sanottua ja tekee kysymyksiä, ja maksimissaan vain 20 prosenttia opettamisen alueella, eli antaa vaihtoehtoja, palautetta, vinkkejä, ohjeita tai neuvoja.

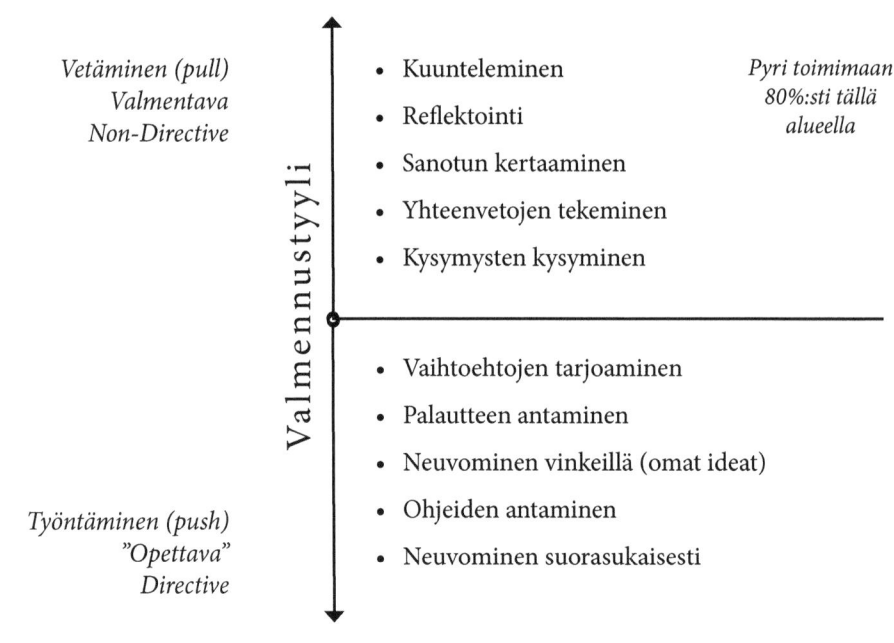

Kuva 12. Tiimivalmentaja toimii valmentavalla otteella.

Useimmissa työyhteisöissä valmentava johtaja huolehtii tiimin oppimisesta ja vastaa tuloksien saavuttamisesta. Niiden yhdistäminen on hankalaa. Oppiminen on useasti niin hidasta, että johtaja erehtyy ottamaan ohjat käsiinsä. Muistan hyvin erään tiimiliiderin kertomuksen. Hän oli yrittänyt ohjata yhtä ryhmistään uudenlaiseen tiimitoimintamalliin ehdottamalla erilaista vaihtoehtoja ja pakottamalla jopa kokeiluihinkin. Ryhmän vastustus oli kovaa. Lopulta hän luovutti turhautuneena ja sanoi: "tehkää sitten itse niin kuin on parasta." Ryhmä oli vähän aikaan ihmeissään, eikä siitä kuulunut mitään muutamaan kuukauteen. Se otti kuitenkin, ilman painostusta, itse vastuun uuden toimintamallin kehittämisestä. Ryhmästä kasvoi tiimi. Porukka teki muutoksen itse ja johtaja oli ihmeissään, miten tämä oikein tapahtui.

Eritahtisuuden hyväksyntä

Keskeistä valmentavassa johtajuudessa on sallia eritahtisuus. Koko porukka menee samaan suuntaan, mutta kukin omalla tavallaan ja omaa tahtiaan. Eritahtisuudesta huolimatta on kuitenkin sovittava aikataulu, jonka mukaan kaikkien on edettävä. Valmentava johtajuus lähtee liikkeelle ihmisistä, ja tavoitteena on tukea heidän oppimistaan. Siinä keskeinen työkalu on oppimissopimus, joka sisältää oman menneisyyden pohdintaa ja omista tavoitteista sopimista. Oppimissopimuksen pohjalta työyhteisö antaa yksilölle tarvittavat resurssit tavoitteiden saavuttamiseksi, jotka tukevat samalla työyhteisön kehittymistä. Näistä asioista sovitaan kehityskeskusteluissa.

Yhdessä työyhteisössä johto määritteli muutoksen elementit ja mittarit. Niitä oli yhteensä 8-10 kappaletta. Sovittiin, että vuoden jälkeen niistä tulee olla käytössä 2-3 kappaletta, kahden vuoden jälkeen 4-6 ja kolmen vuoden jälkeen kaikki elementit tulee olla käytössä.

Perinteisessä johtamisessa oletetaan, että kaikki ihmiset seuraavat johtajan ohjeita heti. Aikaa muutoksella annetaan vähän, joten muutoksen nuoli eli annettu aika on lyhyt. Todellisuudessa osa ihmisistä seuraa johtajaa, osa menee omia polkujaan ja monet jäävät ihan paikalleen, kun eivät löydä aikaa muutokselle. Johtajan tavoittelema muutos eli nuoli menee eri suuntaan, mitä hän olisi halunnut. Valmentavassa johtajuudessa muutokselle annetaan aikaa. Siitä käydään dialogia ihmisten kanssa ja eritahtisuus sallitaan. Muutos on hitaampi, mutta pysyvä. Joskus nuoli voi jopa muuttaa suuntaansa, koska muutoksen viisaus on ihmisissä ja parviälyssä.

Perinteinen johtaminen

*Oletus: kaikki
seuraa heti*

*Totuuus: jotkut kulkevat omia polkujaan
kun eivät saa aikaa muutokselle*

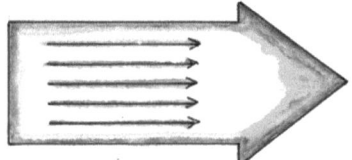
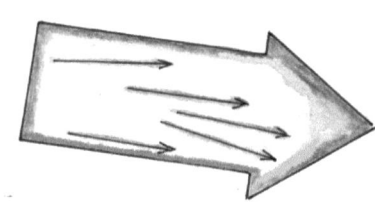

Valmentava johtaminen

*Sallitaan
eritahtisuus*

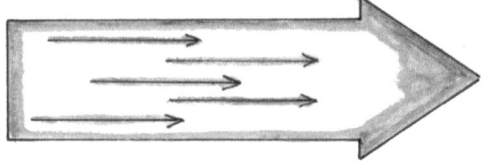

Iso nuoli kuvaa organisaation tahtotilaa

Kuva 13. Luovan ja järjestelmällisen ajattelun vaihtelu.

5. Tiimivalmentajan lait

Vuosien kokemuksella Johannes Partanen on kehittänyt tiimivalmentamisen periaatteet, joita nimitetään tiimivalmentajan laiksi. Nämä kahdeksan lakia ovat tiimivalmentamisen syvintä ydintä. Lakien harjoittelu käytännössä on elämänmittainen tehtävä. Näitä lakeja kutsutaan myös nimellä Johanneksen lait, mutta olen nimennyt ne tässä tiimivalmentajan laeiksi. Nämä lait soveltuvat erinomaisesti myös johtamiseen.

5.1. Puuttumattomuuden laki

Ensimmäinen eli puuttumattomuuden laki on tiimivalmentavuuden ydintä. Milloin antaa tiimin tai tiimin jäsenen oppia virheiden kautta, vai tuleeko virheitä olleenkaan?

Milloin voi yrittää ohjata oman kokemuksen peilaamana oikealle polulle. Samaan päämäärään on monta eri reittiä. Tiimivalmentajan, opettajan, johtajan tai asiantuntijan sanan voima voi olla valtava. Yksi kysymys, kommentti, toteamus tai pelkkä ilme voi vaikuttaa todella paljon. Joskus tosin tuntuu siltä, että mikään kysymys, kommentti tai tunnepurkauskaan ei aiheuta mitään reaktiota. Kun oppijoilla on omia projekteja, niin tiimivalmentaja ei voi sekaantua projekteihin liian syvällisesti. Kokeneelle johtajalle tämä on haasteellista – oma asiantuntemus voi tuntua ylivertaiselta. Kokeneen johtajan kannattaa keskittyä hyvien kysymysten pohtimiseen ja kuunteluun. Tiimivalmentaja rakentaa tiimille ja sen jäsenille oppimisprosessin, joka on jokaiselle tiimille ja henkilölle erilainen. Oppimisprosessi on hyvä pitää mielessä ennen puuttumista. On mietittävä missä vaiheessa tämä tiimi on menossa ja minne. Keskeistä on myös oma valmentajapersoona eli karaktääri – mikä on se oman persoonan piirre, joka auttaa tiimiä kehittymään eteenpäin.

Tiimivalmennuksessa meillä on aina kaksi valmentajaa. Kun toinen innostuu puuttumaan, niin toinen voi sinä aikana tarkkailla. Tiimivalmentajien keskinäinen reflektio auttaa huomaamaan puuttumisen ja puuttumattomuuden kohdat dialogissa. Hetkessä on niitä vaikea huomata. Jossain tapauksissa tässä reflektiossa nousee esille seikkoja, joihin vielä ehtii puuttua. Erityisesti etävalmennuksissa puhuja ei ehdi huomata kaikkien reaktioita. Yhdessä valmennussessiossa kumppanivalmentajani kysyi minulta jälkeenpäin, huomasitko miten se yksi mies tunsi itsensä ulkopuoliseksi? En ollut itse huomannut. Check outissa hän oli kuitenkin epäileväinen ja kyseli: "Onko tämä minulle sopiva tapa oppia." Reflektoinnin perusteella arvioimme, että häntä oli voimakkaasti ohjattu osallistumaan Tiimimestari-valmennukseen.

Tämän epäröivän miehen projektitiimin kokoonpano ei tukenut hänen ammatti-identiteettiään. Vaihdoimme hänet toiseen tiimiin, jossa hän pääsi kukoistamaan eri tavalla. Tässä tapauksessa asiaan puuttuminen auttoi.

Valmentamisen virrassa puuttumattomuuden laki toimii:

Älä puutu, kun sinusta tuntuu, että pitäisi. Puutu, kun koet, että sinun ei tulisi puuttua. Tätä miettiessä pysyy hyvin läsnä dialogin, tiimivalmentamisen tai johtamisen ytimessä.

Omassa väitöskirjassani paperi- ja sellukoneteollisuudesta huomasin ylimmän johdon puuttumisen sellaisiin asioihin, joihin heidän ei todellakaan olisi pitänyt puuttua. Hierarkkinen johtaminen kasaa vallan ylimmälle johdolle. Se käyttää helposti tätä valtaa, vaikka ei ymmärräkään, mistä on kysymys. Ylimmän johtoryhmän kilpailullinen ilmapiiri johtaa myös siihen, että johto ei kysy muiden mielipidettä, vaan toimi täysin yksin. Erään yrityksen pääjohtaja meni yksin sovittelemaan hankalaa reklamaatiota asiakkaan kanssa. Tämä sovitteluretki maksoi satoja miljoonia markkoja.

5.2. Oppimisen hitaus

Oppimisen hitaus on ällistyttävää. Mielenmallien muutos ja uuden oppiminen vaativat kärsivällisyyttä sekä oppijalta että tiimivalmentajalta. Tiimissä oppiminen on nopeampaa ja tehokkaampaa.

Oppija saa 360-asteen palautetta omasta tekemisestään jatkuvasti vertaisiltaan, asiakkailta, tiimivalmentajalta ja oman tiimin liideriltä. Tiimi on yksilön oppimisen väline. Mitä tiiviimmin tiimi toimii, sitä paremmin yksilö oppii. Oppimistiimin tulee olla pitkäkestoinen. Itse uskon vain prosessioppimiseen eli vähintään neljän kuukauden pituiseen prosessiin, jonka aikana voi saada uuden suunnan omalle oppimiselle. Mielellään vähän pidempikin, kuten puolitoista vuotta kestävä Tiimimestari-prosessi.

Saku Tuominen (2014) on kirjoittanut siitä, mitä muutoksessa tarvitaan:
1. Kyky nähdä (omat kehitystarpeet);
2. halu tehdä niille jotain;
3. vähän paremmin;
4. paljon paremmin.

„

"Paljon paremmin" eli distruptiivisten muutosten tekeminen on todella haastavaa. Paljon paremmin syntyy monesta "vähän paremmin"– tekemisestä. Japanilainen Kaizen-periaate eli jatkuvat pienet ja määrätietoiset parannukset johtavat muutokseen. Hyvä muutos on sellainen, jonka voit tehdä heti, hyödyttää asiakasta ja ei maksa mitään. Kaizen-kirjoja on monia, itse pidän Mauerin (2012) The Sprit of Kaizen-kirjasta. Oppimisen motivaatio ja tavoitteet oppimiselle ovat erittäin tärkeitä. Oppimissopimuksen tekeminen ja sen tavoitteiden aukaiseminen muille tiimiläisille ohjaa tiimiä auttamaan yksilöä pääsemään eteenpäin.

Oppimisen hitaus tuottaa parempia oppimistuloksia. Pasi Sahlberg (2015) analysoi Suomen koulujärjestelmän vahvuuksia seuraavasti:

1. Opettajien vahva osaaminen,
2. paikalliset opetussuunnitelmat,
3. kilpailusta vapaa oppiminen.

Kohta kolme viittaa oppijoista lähtevään ja jokaiselle omanlaisen oppimispolun rakentamiseen eli hitaaseen oppimiseen. Vielä vahvempi oppimisen hitautta korostava kirja on Kotvimisen vallankumous (Kangasvuo, Pulkkinen & Rauanjoki 2018). Kirjassa neuvotaan ottamaan työn tekemiseen oleellisesti liittyvä tauko, sillä ilman taukoa työ ei valmistu tai kehkeydy. Kirjassa väitetään, että kotviminen on suomalaisen peruskoulun merkittäviä peruspilareita ja etuja verrattuna muiden maiden peruskouluihin.

Omalta kohdaltani oppimisen hitaus on itsestäänselvyys. Minulla on lievä lukihäiriö, joten kielten oppiminen on todella hidasta. Äitini, äidinkielenopettaja, ehdotti minulle ammattiopistoa, mutta en halunnut. Halusin väkisin lukioon. Olin sentään erittäin hyvä matematiikassa. Lukiossa minulla oli suuria vaikeuksia kielissä ja jäin kerran luokalleni huonon kielimenestyksen takia. Eräässä luokkakokouksessa yksi luokkakaverini kertoi minulle muiston: hän oli lukenut edellisen illan ruotsin kokeeseen ja sai kahdeksan, minä luin yhden viikon ja sain viitosen. Osa huonosta kielimenestyksestä oli ehkä motivaatiosta kiinni. Ajattelin, että pelkästään matematiikalla ja etelä-savolaisella johtamisfilosofialla pärjää. Muistan kun pääsin Otaniemen Teknilliseen Korkeakouluun ja kävin syömässä ruotsalaisen osakunnan ruokalassa. Hämmästykseni oli suuri, kun huomasin kaikkien puhuvan vain ruotsia. Tajusin, että minun on pakko osata ruotsia ja englantia niin hyvin, että pystyn hoitamaan asioita myös vierailla kielillä.

Osallistuin kielten kursseille, mutta menestys oli heikkoa. Perinteinen kieltenopetus ei sopinut minulle. Opin tekemällä. Hain ensin kesätöihin Ruotsiin Volvon tehtaille. Muistan elävästi kun istuin henkilöstöjohtajan huoneessa ja ymmärsin ehkä 30 prosenttia hänen puheestaan, muun muassa sen, että kielitaitoni on aika heikko, mitenkähän pärjäät täällä? Sen verran pärjäsin, että minulle tarjottiin ihan vakituisia töitä kesän loppupuolella. Seuraavan kesänä suuntasin Kanadaan valimolle. Samantyyppinen alku, mutta valimo oli kysellyt loppukesästä lisää teekkareita Otaniemestä harjoittelemaan. Seuraavassa vaiheessa hain englanninkieliseen Linkage-ohjelmaan vuodeksi. Sitten tein diplomityöni englanniksi. Sitä myöten pääsin Japaniin kolmeksi vuodeksi töihin. Tämän pitkäjänteisen työn tuloksena pystyn hoitamaan liikeasioita sujuvasti englanniksi ja kohtuullisesti ruotsiksi. Siitä näyttönä rally-englannillani käynnistämäni yritys-ostoprosessi USA:ssa. Edelleenkin sanat menevät välillä sekaisin ja oikeinkirjoitukseni sisältää merkittävän määrän virheitä, mutta pystyn hoitamaan asioitani varsin hyvin.

5.3. Ohuen punaisen langan laki

Tiimioppiminen perustuu sosiokonstruktivismiin. Oppiminen lähtee oppijoista ja oppimisprosessi rakennetaan heidän tarpeittensa ympärille. Siksi check-in kierros on erittäin tärkeä, samoin odotusten aito kuuntelu. Tätä kautta oppijat ilmaisevat tavoitteensa.

> *Tiimivalmentajalla tulee olla jonkinlainen ajatus oppimisprosessin kokonai-suudesta. Sanonta "luota prosessiin, mutta älä ikinä luota prosessiin" on viisas. Samoin "luota prosessiin – siedä epäselvyyttä ja kaaosta".*

Kun oppijat lopulta rakentavat oppimisprosessin itsellensä, pitää tiimivalmentajan luoda turvaa ja luottamusta. Tietyistä periaatteista, kuten dialogin säännöistä, dialogisessioista, tekemällä oppimisesta, kirjojen lukemisesta ja/tai kuuntelusta, oppimissopimuksen tekemistä pidetään kiinni. Kun oppijat ovat kuitenkin erilaisia ja heidän tarpeensa ovat erilaisia, en voi ikinä tietää, mikä on oikein ja mikä on väärin. Oppimisprosessi voi joskus mennä pieleen, ja silloin me kaikki oppimme. Siinä on keskeistä jakaa yhteinen visio eli tavoite koko prosessille, tavoite, johon kaikki sitoutuvat.

Muistan elävästi, kun itse osallistuin tiimimestarivalmennukseen numero kuusi. Sain kunnian toimia kolmipäiväisessä sessiossa pikkutiimin valmentajana eli "lilla tränarena". Johannes Partanen, menetelmän pääkehittäjä, toimi prosessin valmentajana. Hän oli erittäin innostunut Tiimimestari-valmennuksen kehittämisestä ja siitä, että mukana oli yritysmaailman edustajia ja johtajia. Valmennuksen lopuksi lauantaina oli tiedossa Tiimiakatemian syntymäpäivät. Filosofi Esa Saarinen oli tulossa juhlapuhujaksi ja Johannes halusi esitellä uutta innovaatiota Esalle. Johannes sai idean, että me tiimimestari-opiskelijat esittäisimme "synnytyksen" eli loppukiteytyksemme hauskassa ja elävässä muodossa Tiimiakatemian juhlaseminaarissa.

Johanneksen toiveena oli, että olisimme tehneet yhteisen esityksen seminaariin. Siitä aloimme käydä dialogia toisen päivän iltana kahdeksan aikaan. Dialogia kesti kolme tuntia, mutta yhteistä näkemystä ei syntynyt. Kaikki kolme tiimiä vetäytyivät omiin koloihinsa kello 23. Päätimme toisen tiimin kanssa tehdä omat esitykset. Saimme ne valmiiksi yöllä yhden aikaan. Kolmas tiimi ei saanut mitään esitystä aikaiseksi. Seminaariin osallistui yli 100 henkeä. Käsityksemme valmennuksen johtamisteemasta osoittautuivat hyvin erilaisiksi. Omalla pikkutiimilläni esitys meni todella mainiosti, toisella kohtuullisesti ja kolmas oli melko hukassa.

Näihin aikoihin oli ilmestynyt Gary Hamelin Johtamisen tulevaisuus -kirja, jossa Hamel kritisoi nykyjohtamista. Hamelin mielestä Henry Ford voisi johtaa mitä tahansa pörssiyritystä kahden viikon perehdytyksellä. Niinpä teimme raflaavan esityksen. Yksi tiimimme jäsen esitti ristiinnaulittua johtajaa, joka kuoli ja syntyi uudestaan. Omasta mielestäni esityksemme onnistui mainiosti. Itse opin tällä valmennuskerralla kolme asiaa: anna oppijoiden toimia itsenäisesti epäselvässä tilanteessa ja rakenta oma punainen lankansa; visiota ei voida jakaa pakottamalla, ja ilman yhteistä, jaettua visiota ei pääse mihinkään; olen aika hyvä valmentava johtaja. Tajusin haluavani yrittäjäksi ja liiketoiminnan vetäjäksi.

5.4. Oppimisympäristön laki

Tiimiakatemia sai alkunsa luokassa 147 Jyväskylän ammattikorkeakoulun kampuksella vuonna 1993. Melko pian perustamisen jälkeen Tiimiakatemia muutti ensin Schaumanin vanhaan pääkonttoriin, ja sitten isompiin tiloihin entiseen Schaumanin vaneritehtaaseen. Oppimisympäristö oli täysin erilainen kuin tavallisessa bisneskoulussa. Vaneritehtaaseen rakennettiin dialogitilat, tiimien kotipesät, esiintymislava, hiljaisen työn tilat ja varattavat neuvotteluhuoneet.

Yritykset ovat alkaneet ymmärtää työympäristön merkityksen yhteisöllisyyden syntymiselle. Tarvitaan uudenlaisia työtiloja, joissa kohtaavat eri alojen työntekijät, yrittäjät ja taitelijat. Vanhan ajan kuutiotoimistot eivät tue luovuutta ja vuorovaikutusta. Hyvässä yhteisöllisessä työtilassa ihmiset kohtaavat satunnaisesti ja oma-aloitteisesti. Samalla filosofialla on suunniteltu Proakatemia, Tiimiakatemian ensimmäinen "jälkeläinen" Tampereella.

Proakatemia sijaitsi Finlaysonin alueen vanhoissa tehdastiloissa, ylimmässä kerroksessa, josta on hienot näkymät Tammerkoskelle. Kun asiakas on lähellä oppimisympäristöä, on helppo lähteä vierailulemaan hänen luokseen. Oppimisympäristön tulee mahdollistaa oppijoiden formaalit ja epäformaalit kohtaamiset. Sen tulee myös ottaa huomioon erilaiset ihmistyypit. Introvertti haluaa rauhaa ja ekstrovertti toimintaa. Oppimisympäristön laki vaikuttaa myös siihen, miksi järjestämme tiimivalmennukset maatilamatkailupaikassa. Olemme vuosien mittaan valinneet sopivat paikat, joissa on hyvä dialogitila, pientiimien kokoontumistilat, mainio sauna, palju ja uimapaikka, liikuntamahdollisuudet, sujuva palvelu, hyvä ruoka ja viihtyisät majoitushuoneet. Oppimisympäristössä on tärkeää huomioida myös vaihtelu: jos tiimi kaipaa uusia virikkeitä, työskentely erilaisissa tiloissa tuo kaivattua muutosta rytmiin. Itselleni on tärkeää dialogitilan harmoninen tasapaino eli fengsui. Fengsui tarkoittaa sitä, että oppimisympäristö on harmoniassa oppijoiden kanssa. Tästä esimerkkinä ovet dialogiympyrän tuolit. Haluan tuolien muodostavan säännöllisen ympyrän, sillä se symboloi dialogin tasa-arvoisuutta.

Osallistuin vuonna 2015 Sitran järjestämään Uusi koulutus -foorumiin. Sitra oli kutsunut hieman yli kolmekymmentä oppimisen erityisosaajaa vuoden kestävään valmennusprosessiin jakamaan uusia käytäntöjä ja kehittämään oppimisen vision Suomelle. Visioksi muodostui: Maa, jossa kaikki rakastavat oppimista. Saimme silloin idean miettiä uusiksi ammattiopistojen oppimisympäristöjä vuonna 2016. Mukaan tulivat Helsinki Business Collage, Stadin ammattiopisto ja Kampin ostoskeskus. Veimme 35 opiskelijaa kahdeksi kuukaudeksi ostoskeskukseen perustettuun Tiimiakatemia Factoryyn, jonka nimesimme Pop-Up Collegeksi. Oppimistulokset olivat mainiot. Moni sellainen oppija, jonka opinnot olivat olleet vaarassa jäädä kesken, sai tutkintonsa valmiiksi. Saimme tästä opetusalan eli International Education Business Partnership (IPN) Special Chair's Global Best Award -innovaatiopalkinnon. Vastaanotimme sen Oslossa yhdessä Stadin ammattiopiston ja Helsinki Business Collagen kanssa. Oppimisympäristö oli täysin uusi ja sopi erinomaisesti tiimioppimiseen. Tiivistelmänä:

- Seitsemän ammattialaa: leipuri-kondiittori, kokki, painoviestintä, sisustus, modisti, matkailu ja merkonomi
- Työtodistukset 30 opiskelijalle (16+14), läpäisy 77 prosenttia
- 1160 osaamispistettä (430+730), eli 39 op/opiskelija/2 kk
- Noin 500 vierasta
- Yli 130 opiskelijoiden tekemää asiakaskäyntiä elinkeinoelämään
- Kampin ostoskeskus oli erittäin tyytyväinen pilottiin

5.5. Tiimivalmentajan oman roolin laki

Omasta mielestäni tämä laki tiivistyy ajatukseeni: Olen enemmän kuin tuttava, mutta vähemmän kuin ystävä, eli olen kaveri.

Tämä sama periaate soveltuu mainiosti johtajuuteen. Kaveruus edellyttää, että tiimivalmentaja tuntee valmennettavansa riittävän hyvin. Jatkuvat kehitys- tai onnistumiskeskustelut ja niiden yhteydessä läpikäyty oppijan oppimissopimus auttavat tiimivalmentajaa tutustumaan oppijaan. Ystävyyden asteelle menevä oppijan tunteminen aiheuttaa epätasa-arvoisen aseman tiimissä. Oppimiskulttuurin vaaliminen vaatii liikkumaan taitavasti tiimin sisä- ja ulkopuolella. Välillä pitää sukeltaa tiimin virran vie-täväksi ja välillä katsoa toimintaa hieman kauempaa. On syytä pysytellä projektien ja asiakkuuksien ulkopuolella. Jos tiimivalmentaja erehtyy ottamaan vastuun projekteista, oppija siirtyy syrjään. Tämä on haasteellista alle 18-vuotiaiden osuuskunnissa, kun lain mukaan yrityksissä eli osuuskunnissa pitää olla täysi-ikäisiä. Onneksi Suomessa toimii Nuori Yrittäjyys-konsepti, joka mahdollistaa yrittäjyyden alaikäisille. Joskus tiimissä voi olla sellaisia oppijoita, jotka eivät yksinkertaisesti sovi henkilökemialtaan yhteen tii-mivalmentajan kanssa. Silloin voi pitää mielessä lauseen: minun ei tarvitse olla ystävä, pelkkä kaveruus riittää.

Kun tiimivalmentaja vastaa oppimisprosessista, hänen johtajuusasemansa voi nousta liian korkealle. Hyvä johtaja pystyy käymään dialogia kaikkien kanssa kaikkia kunni-oittaen. Muistan kun tapasin Martin Saarikankaan, visionäärisen telakkajohtajan ja Masa Yard:n perustajan Japanin suurlähetystön kutsuilla. Martin on pitkä mies, yli 190 senttimetriä ja japanilaisiin verrattuna jättiläinen. Masa Yards oli saanut merkittävän laivatilauksen Japanista. Martin kiersi kärsivällisesti jokaisen vieraan luona ja kysyi aidosti jokaisen kuulumisia, myös minun, juuri valmistuneen nuoren liikemiehen alun. Muistan elävästi, kun vieressäni ollut nuori japanilainen liikemies aloitti sopertelemalla epäselvästi huonolla englannilla jotain ylimalkaista. Martin kysyi jatkokysymyksen, kuunteli ja sai nuoren japanilaisen rentoutumaan. Tällä tavalla toimii oikea johtaja ja tiimivalmentaja. Hän saa oppijat rentoutumaan ja olemaan parhaita painoksia omasta itsestään.

5.6. Asiakkuuksien laki

Tiimitoiminnan keskiössä tulee aina olla asiakas. "Mitä enemmän tapaami-sia, sitä enemmän tarjouksia". Tämä lause kuvaa asiakkuuksien matematiik-kaa. Mitä enemmän ollaan asiakkaan kanssa tekemissä, sitä merkityksellisem-pää ja kehittyneempää tiimin toiminta on.

Tiimivalmentajan tulee ajatella asiakkaan arvoketjua muutama porras eteenpäin. Ensin-näkin oma tiimi ja tiimiläiset eli oppijat ovat tiimivalmentajan asiakkaita. Hänen tulee palvella heitä mahdollisimman hyvin. Toiseksi oppijoiden asiakkaat tulee ottaa huo-mioon tiimivalmentajan työssä. Asiakkaina voivat olla yritykset, vanhemmat, yksityiset henkilöt, työelämä tai työyhteisöt. Tiimivalmentajan tulee kannustaa oppijoita olemaan mahdollisimman paljon tekemissä omien asiakkaiden kanssa.

Oppilaitosmaailmassa oppijoiden omat asiakkuudet liittyvät heidän tuleviin tavoittei-siin, unelmiin ja kehittymiseen. Tiimivalmentajan tulee ottaa huomioon oppijan kehi-tysastetta, eli miten syvästi oppija voi keskittyä tiettyihin omiin asiakkuuksiinsa ja miten asiakkuudet vievät häntä eteenpäin oppimisen polulla.

Olen sitä mieltä, että jokaisessa työyhteisössä kaikilla tulisi olisi olla kolmentyyppisiä asiakkuuksia ja projekteja:

1. raha-projekteja eli nykyisiä asiakkaita, jotka tuovat elannon;

2. yhteisöllisiä projekteja eli sisäisiä asiakkuuksia, jotka kehittävät yhteisöä eteenpäin;

3. tulevaisuuden unelmaprojekteja ja asiakkuuksia, jotka tukevat omaa kehittymistä ja tulevaa toimintaa. Tiimivalmentajan tehtävänä on kysymyksillä ohjata, että asiakas on aidosti kehityksen ytimessä. Tällöin oppimisella on oikea tarve. Näiden kolmen erilaisen projektityypin asiakkuuksien on oltava tasapainossa.

Tärkeintä on, että kaikilla oppijoilla on oikeita asiakkaita. Ei ole tavallista ottaa kontaktia vieraaseen ihmiseen, jolta pitäisi vieläpä iljetä pyytää rahaa tarjoamistaan tuotteista tai palveluista, sekä tietoa tai apua oman unelmansa toteuttamisessa. Tässä on projektitiimin kokoonpanolla tärkeä merkitys. Projektitiimissä olisi aina oltava ainakin yksi henkilö, joka uskaltaa ottaa yhteyttä asiakkaisiin. Tätä asiakkaan kontaktointia tulee tehdä jatkuvasti. Chet Holmes (2008) neuvoo erinomaisessa myyntikirjassaan, että minun kaltaiseni pienen yrityksen toimitusjohtajan tulee käyttää päivittäin kaksi (2) tuntia liiketoiminnan kehittämiseen eli kylmiin soittoihin asiakkaille. Tiimiakatemiassa tiimivalmentajana kiinnitin huomiota oppijoiden projektien kustannusrakenteeseen. Kiinteiden kustannusten osuus pitää olla aloittavalla yrityksellä minimissään ja pääpaino muuttuvissa. Projektin aloittaminen on tällöin kevyttä ja volyymin kasvaessa toiminta kehittyy terveesti eteenpäin.

Muistan elävästi erään isohkon tapahtumaprojektin, jonka juuri Tiimiakatemiassa aloittaneet kolme oppijaa eli tiimiyrittäjää halusivat kiivaasti tehdä. Sivulauseessa kuulin, että tapahtuman kiinteät kustannukset olivat noin 10 000 euroa, ja aikaa tapahtuman alkuun oli enää noin kaksi kuukautta. Ehdotin palaveria dialogisession jälkeen. Teimme yhdessä myyntisuunnitelman ja laitoimme sen heti käytäntöön. Sain heidät etsimään asiakkaita ja mahdollisia rahoittajia. Viikon päästä he itse totesivat, että taitaa tulla vähän kiire ja asiakkaita ei ehdi saada. He pystyivät pienentämään oman tappionsa noin 1000 euroon ja siirsivät projektia vuodella eteenpäin. Silloin projekti onnistui mainiosti.

5.7. Puuttumisen laki

Tiimivalmentajan tulee aina puuttua tiimin tilanteeseen, kun kyseessä on turvallisuus, tiimin toimintaa haittaava häiriö, kiusaaminen, suuri suru tai häkellyttävä ilo. Johanneksen laatima ohje kuuluu: "Osoitat suunnan, koska välität. Osoitat rakkautta ja huolenpitoa (love and care)."

Tämä rakentaa tiimin luottamuksen kulttuuria. Olen useasti ollut tilanteessa, jossa tiimin luottamus on kasvanut niin suureksi, että oppija paljastaa omakohtaisen suuren surunsa. Lähes koko tiimi on voinut alkaa itkeä, jolloin tiimivalmentajana halaan oppijaa ja kysyn hänen voimistaa jatkaa. Tiimi ymmärtää hänen haavoittuvuutensa. Useasti oppija jää mukaan keskusteluun, sillä yhdessäolosta saa voimaa. Tässä tapauksessa hänelle on annettava rauha ja turva olla oma itsensä. Yleensä moni oppija on tämänkaltaisissa tilanteissa vain hiljaa.

Kun keskitymme dialogiin, puhelimet, tietokoneet ja tabletit on suljettava. Kokenut oppija ilmoittaa ennen dialogisessiota, että hän odottaa tärkeää puhelua tai viestiä. Tällöin tiimi ymmärtää keskeytyksen. Jos oppija ei itse ymmärrä syventyä dialogiin digitaalisten härpäkkeiden takia, tiimivalmentajan on puututtava asiaan. Erityisesti etäaika on tuonut esille työelämän monen aikaisen työskentelyn haasteet, tai kuten englanniksi kutsutaan, multitasking eli multipasking tulokset. Olen hämmentyneenä seurannut etänä osallistujien monikaistasta osallistumista. Oppijoille on syntynyt ihmeellinen käsitys siitä, että ihminen pystyisi tekemään monta asiaa samanaikaisesti. Ei pysty. Ihminen voi tehdä kerrallaan vain yhtä. Oppija ei voi osallistua yhtä aikaa dialogiin, lukea sähköposteja ja silmäillä asiaan liittyvää artikkelia.

5.8. Rytmin laki

Tiimivalmentaja voi ajatella omaa rooliansa kuten kapellimestari. Oma tiimi on kuten orkesteri – millainen orkesteri ja musiikkityyli sopii omalle tiimillesi?

Oppijoiden mielentila ja prosessin vaihe vaikuttavat sopivan rytmin valitsemiseen. Periaatteena on, että hitaan jälkeen nopea, nopean jälkeen hidas.

Tiimin rytmi vaikuttaa tiimin energiaan ja fokukseen. Joskus hyvä dialogi painuu syviin vesiin filosofisten kysymysten ottaessa vallan. Dialogi on tällöin syvällistä ja hidasta. Tiimioppimisessa tietoteoria on erittäin tärkeää. Hiljaisesta tiedosta tehdään dialogin avulla näkyvää. Näkyvästä tiedosta muodostetaan kokeilun aihiot, joita sitten kokeillaan käytännössä. Pelkkä dialogi ilman ajatusta kokeilemisesta ja käytännön oppimisesta jää kevyeksi. Oppijoiden kannustaminen kokeilemaan rytmin muutosta voi nostaa tiimin dialogin uudelle, korkeammalle tasolle. Joskus tiimin dialogi ja tekeminen on säheltämistä ilman kunnollista fokusta ja ajatusta. Rauhoittuminen dialogiin kirkastaa ajatukset.

Pitkissä tiimimestari-valmennuksissa keskitymme yhteen teemaan kaksi vuorokautta. Kun aikaa on näinkin ruhtinaallisesti, pystyn yleensä rauhoittamaan oman mieleni ja etsimään sopivan rytmin tiimille. Lyhyemmät valmennukset ovat vaikeampia. Meidän asteikollamme päivän kestävä valmennus on lyhyt. Yhden kerran valmensin kollegaa lyhyisiin valmennuksiin. Muista elävästi, kun olin itse jotenkin ajautunut nopeaan tempoon ja liian järjestelmälliseen, tykyttävään rytmiin. Kun kysyin valmentajakumppaniltani, mitä nyt tehdään, hän ehdotti hidasta aloitusta kuulemiskierroksella ja projektitiimeille rauhaa sisäiselle keskustelulle. Kun jokainen saa tehdä itse omat virheensä ja oppia niiden kautta, ajattelin mielessäni, mitähän tästä päivästä mahtaa tulla. Jo kirjautumisessa eli check inissä huomasin, että tämä toimii. Päivän lopussa koko tiimi kiitteli rauhoittumisesta ja projektitiimien sisäisistä keskusteluista. Tämä oli minulle hyvä opetus rytmin laista. Joskus pitkissä valmennuksissa aloitan nopealla harjoitteella, jolloin koko kahden vuorokauden sessio saa energisen alun.

5.9. Tiimivalmentajan ajattelu ja valmistautuminen

Tiimivalmentajan omaksuessa palvelevan johtajan ajatusmallin, tiimiläiset eli oppijat ovat tiimivalmentajan asiakkaita. Omien ja muiden mielenmallien haastaminen on tiimivalmentamisen ytimessä. Mielen avartamista kuvaa hyvin meren katselu. Kun katsot horisonttiin, sieltä siintää elämän mahdolliset suunnat. Jos kuvittelet itsesi merenkulkijaksi, meren mahdollisuudet ovat äärettömät. Jonkinlainen kartta eli oppimissopimuksesi auttaa suunnistamaan meren ääreen. Pienikin muutos elämässäsi saa aikaan valtavan muutoksen horisontissa.

Tiimivalmennuksessa on välillä laajennettava ajattelua eli divergoitava. Divergoiva ajattelu luo uusia kysymyksiä, näkökantoja ja vaihtoehtoisia ratkaisumalleja, luovuus virtaa. Käytännön tekoihin pääseminen ja kiteytyksien tekeminen edellyttävät välillä konvergoivaa ajattelua, joka on systemaattista, supistavaa ja vastauksia yksittäisiin kysymyksiin. Se kiteyttää ajatukset. Divergoiva ja konvergoiva ajattelu vuorottelevat. Niiden tulisi olla tasapainossa. Työyhteisöjen haasteena on liian suuri konvergointi. Ajattelua laajentamalla saataisiin parempia tuloksia. Nobelisti Albert Einstein on kuulemma sanonut: "Jos minulla olisi yksi tunti aikaa pelastaa maailma, miettisin oikeaa kysymystä 55 minuuttia ja vastausta 5 minuuttia." Työyhteisöissä toimitaan yleensä päinvastoin.

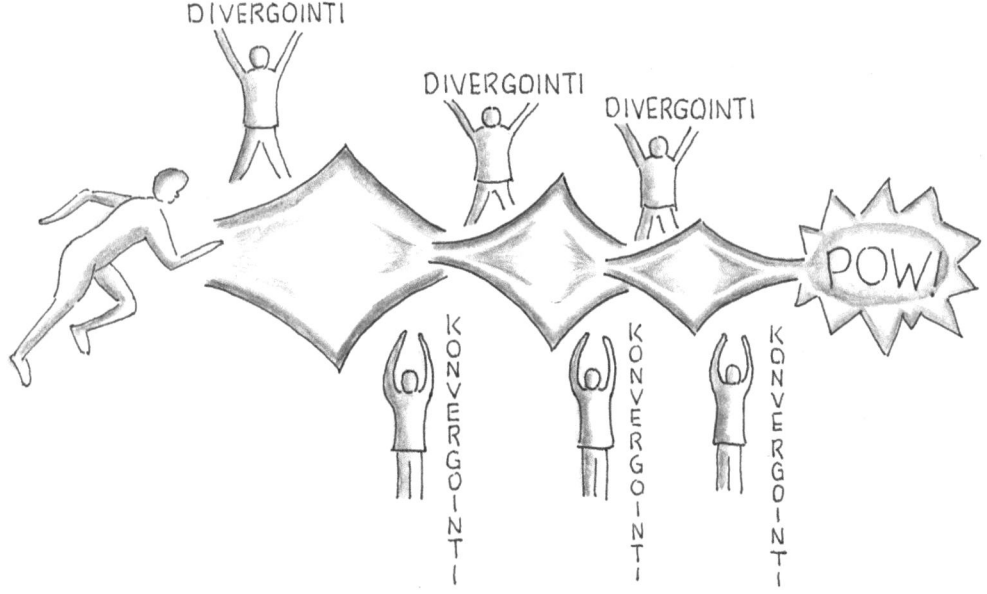

Kuva 14. Luovan ja järjestelmällisen ajattelun vaihtelu.

6. Sokrates ja tiimivalmentajan kompetenssit

Tiimivalmentajan esikuvana voidaan pitää kreikkalaista filosofia Sokratesta ja hänen ajatteluaan. Ensimmäisessä vaiheessa Sokrates tekeytyy itse tietämättömäksi ja pyytää oppijalta opetusta jostain asiasta. Sokrates jatkaa kyselemistä ja pyytää lisää tietoa, kunnes oppija myöntää vajavaisuutensa asian suhteen (divergointi). Toisessa vaiheessa Sokrates jatkaa kyselemistä, kunnes tuo lopulta asiaan uusia näkökulmia, jotka kiteyttävät ajattelua (konvergointi). Sokrateen mukaan tietämys totuudesta eli viisaus on piilevänä meissä kaikissa. Menetelmää Sokrates kutsuu kätilöintimenelmäksi. Oppija "synnyttää" ajatukset itse ja oppii samalla. Tästä tulee tiimioppimisessa käytetty termi synnytys, jossa yhdistyvät hankittu teoria, uusi tieto ja käytännön kokeilun suunnittelu ja oma mallinnus.

Sokraattisen ajattelun arvoja ovat mestaruus, hätkähdyttäminen, kohtaaminen ja leikki. Peter Senge (1990) nosti oppivan organisaation yhdeksi kulmakiveksi henkilökohtaisen mestaruuden. Jokaisen oppijan tulee tavoitella omaa henkilökohtaista kukoistustaan siinä mitassa, missä se on kunkin oppijan mielestä kohtuullista.

Me itse asetamme omat rajamme kehitykselle. Sokrates oli aikansa hätkähdyttäjä ja ajattelun uudistaja. Liian useasti ajattelumme kiertää samaa rataa. Kaipaisimme uusia näkökulmia ja uutta ajattelua. Hyvä tiimivalmentaja pystyy hätkähdyttämään. Oppijan aito kohtaaminen on dialogin lähtökohta. Meillä on helposti ennakko-odotuksia ihmisistä ja heidän ajatuksistaan. Tiimivalmentamisen perusta on oppijan kuuntelu juuri sellaisena kuin hän on. Oppiminen tulisi nähdä leikkinä, ilona ja nautintona. Hauskuuden ja kepeyden ylläpitäminen oppimisprosessissa tuo tiedon virtaavuuden oppimiseen. Nämä neljä arvoa mestaruus, hätkähdyttäminen, kohtaaminen ja leikki, sopivat mainiosti tiimivalmentajan johtaviksi ajatuksiksi.

Liike-elämässä ja koulumaailmassa otetaan oppia urheilusta, ja erityisesti urheiluvalmentajista. Erkka Westerlundin, Henrik Dettmannin, Petteri Nykkyn ja Aki Hintsan valmentajafilosofioista kertovat kirjat ovat inspiroivaa luettavaa. Urheiluvalmentajan toimenkuvaa voi verrata valmentavan johtajan työkuvaan, molemmat vastaavat joukkueen tuloksesta ja oppimisesta. Jokaisella on oma valmennusfilosofiansa, mutta heitä yhdistää ihmislähtöinen suhtautuminen joukkueen pelaajiin. Huippu-urheilijoista koostuvan joukkueen kokoaminen ja valmentaminen on tosin erilaista kuin työyhteisön. Aikaa maajoukkueen varsinaiseen valmentamiseen voi olla vain muutama päivä ennen varsinaisia kisoja. Erkka Westerlund kertoi, miten hän valmisteli maajoukkuetta koko vuoden, mutta lopullinen joukkue saapui olympialaisiin vain muutama päivä ennen ensimmäistä peliä. Joukkue piti synnyttää erittäin lyhyessä ajassa. Olen aina kuvitellut, että tiimin rakentaminen kestää pitkä ajan.

Sotšhin olympialaisissa Teemu Selänne piti puheen joukkueelle. Se oli niin sykäh-dyttävä, että joukkueesta tuli tiimi 15 minuutin puheen jälkeen. Tiimille syntyi jaettu visio. Tämä joukkue voitti olympiaprossia. Tämän puheen takana oli kuitenkin Erkan ja hänen valmennustiiminsä lähes vuoden työ. He olivat tutkineet vastustajien joukkueita perusteellisesti. He olivat pohtineet joukkueen kokoonpanoa, pelitapaa ja periaatteita. Valmennustiimi oli käynyt lukuisia keskusteluja pelaajien kanssa ennen valintaa. Tässä olisi yrityselämässä kehitettävää. Moni johtaja tulee tapaamiseen takki auki, edes pala-verin aineistoon ei ole tutustuttu. Tiimin koostumus on muotoutunut sattumalta, asia-osaamisen perusteella. Työyhteisöissä pitäisi lisätä valmistautumista tiimin rakentami-seen ja kehittämiseen. Jokaisella tiimillä olisi myös syytä olla oma tiimivalmentaja.

Tiimivalmentajan kompetensseista

Olemme pohtineet ja kehittäneet tiimivalmentajan osaamisprofiilia, joka koostuu kymmenestä eri osa-alueesta: ammatillinen kokemus, valmennuksen kohde, itsensä kehittäminen, tiimivalmennusosaaminen, tiimin suorituksen valmentaminen, yksilö-valmennuksen osaaminen, suunnittelu-, kehittämis- ja konsultointiosaaminen, teoria-osaaminen, verkostopääoma ja eettisyys sekä arvomaailma.

> *Tiimivalmentajan ensimmäinen kompetenssi on ammatillinen kokemus, ja se kehittyy vain tekemällä ja kokeilemalla. Tiimivalmentajan on ymmärryttävä tiimin toiminnan konteksti. Ammatillinen kokemus tiimin toiminta-alueesta luo perustan kompetensseille.*

Tiimivalmentajan tehtävänä on rohkaista tiimiä tarttumaan oikealla hetkellä muutos-ten tuomiin mahdollisuuksiin. Tämä on tehtävä oikealla tavalla. Tiimivalmentajana tai valmentavana johtajana toimiminen vaatii rohkeutta muuttaa omaa toimintatapaa ja ottaa käyttöön tiimioppimisen menetelmät. Toimintaympäristö ja kollegat ei aina tue uusia toimintatapoja, sillä vanhaan toimintamalliin on urauduttu ja on helpompi toimia vanhan mallin mukaisesti. Omat tiimiläiset tai oppijat eivät osaa alussa ottaa vastuuta omasta oppisestaan. Tilat eivät välttämättä edes mahdollista dialogia. Eräs johtoryhmä aikoi poistaa kulmahuoneen tammipöydät dialogiympyrän tieltä, mutta rohkeus petti.

Tiimivalmennus ei ole temppukokoelman kokeilemista yhden session verran, vaan tiimivalmennus on pitkäjänteistä ja pitkäkestoista luottamuksen rakentamista. Vuo-dessa alkaa nähdä tuloksia ja tiimivalmentaja ioppii valmentamista. Tässä ajassa hän pystyy myös tekemään ensimmäiset virheensä ja korjaamaan ne.

Toisena kompetenssina on kyky itsensä kehittämiseen. Siinä tärkein työkalu on oppimissopimus. Se on suunnitelma omasta oppimisesta ja siitä sopiminen oman tiimin sekä esihenkilön kanssa.

Tiimivalmentajan tulee näyttää esimerkkiä omalle tiimille. Hänellä pitää olla kyky nähdä omat kehitystarpeensa ja halu tehdä niille jotain. Oppimissopimuksessa on huomioitava lyhyt aikajänne (puoli vuotta) ja pidempi aikajänne (kahdesta kymmeneen vuotta).

Kolmantena kompetenssina on tiimivalmennusosaaminen. Tiimivalmentajan tulee hahmottaa tiimin elinkaaren vaiheet, valmentaa niihin sopivalla tyylillä ja muuntautua eri rooleihin tiimin mukana.

Dialogisen lähestymistavan käyttäminen on hyvin keskeistä. Tärkeintä on tunnistaa oma valmennusfilosofia ja osata käyttää keskeisiä tiimivalmennuksen elementtejä: dialogisessiota, tekemällä oppimista ja lukemista (tai tiedonhankintaa). Tiimivalmentaja osaa edistää tiimin oppimaan oppimista ja saa tiimin innostumaan oppimisesta.

Neljäntenä osaamisalueena on taito valmentaa tiimin suoritusta. Tiimiin pitää rakentaa sisäisesti johtajuus niin että tiimivalmentaja voi keskittyä oppimisprosessiin ja tiimi asioiden tekemiseen.

Tiimin johtajuuden ja mahdollisen johtoryhmän dialoginen mentorointi vaatii hyvää pelisilmää. Tiimivalmentajan tulee sparrata tiimiä asettamaan, saavuttamaan ja seuraamaan sen omia suoritustavoitteita. Sillä tulee olla tavoitteet lyhyellä ja pitkällä tähtäyksellä. Tiimi on itse asetettava omat tavoitteensa. Tämä vaatii tiimivalmentajalta taitoa saada tiimiläiset itse ymmärtämään omien tavoitteiden tärkeyden. Tiimin tulee tunnistaa jäsenien vahvuudet ja tietopääoma. Valmentajan tulee suhteuttaa tavoitteet tiimin toiminta-alueeseen. Tämä tarkoittaa sitä, että tiimivalmentajan on ymmärrettävä laaja-alaisesti tiimin toimintaympäristö ja sen konteksti.

Viidentenä kompetenssina on yksilöosaamisen valmentaminen.

Tiimi toimii yksilön oppimisen välineenä. Huipputiimi koostuu erilaisista huippuyksilöistä. Tiimivalmentaja osaa valmentaa tiimin jäseniä oppimaan, kehittymään, toimimaan omien ja tiimin tavoitteiden mukaisesti. Tiimiläisten oppimissopimuksien systemaattinen ja avoin käsittely tiimissä luo pohjan henkilökohtaisen mestaruuden kehkeytymiselle. Oppimistavoitteiden visuaalinen mittarointi tukee tätä. Tiimiläisten kyvykkyyksistä ja persoonallisuuksista koostuu tiimin henkinen pääoma ja sitä kautta tavoitteet. Tiimiläisten oppimisen kehittyminen vaatii yhteisiä kehityskeskusteluja, joita tiimivalmentaja ja tiimiliideri ohjaavat.

Kuudentena kompetenssina on muotoiluosaaminen eli vanhakaisesti sanottuna suunnittelu-, kehittämis- ja konsultointiosaaminen.

Valmennusprosessien suunnittelu lähtee liikkeelle tiimin tarpeista, osaamisesta ja toimeksiantajan tavoitteista. Tiimivalmennusprosesseissa on tietyt lainalaisuudet, kuten dialogisessioiden säännöllisyys, tekemällä oppiminen ja tiedonhankinta oppijoiden tarpeeseen lukemalla tai äänikirjoja kuunnellen. Valmennettava tiimi ja sen erityistarpeet muokkaavat pitkäkestoisen valmennusprosessin erityiseksi. Tiimivalmentajan tulee pystyä rakentamaan prosessi näiden tarpeiden ympärille.

Tiimivalmentajan teoreettinen osaaminen koostuu tiimioppimisesta, tiimivalmentamisesta, tiimiyrittäjyydestä, tiimitoiminnasta ja tiimin johtamisesta. Teoriatietämys ja taito soveltaa teorioista oman tiimin valmentamisessa ovat tärkeitä. Tiimivalmentajan tulee osata suositella sopivia kirjoja omalle tiimille. Jatkuvan lukemisen tai äänikirjojen kuuntelun tulee olla tiimivalmentajalle rutiinia.

Tiimi toimii omassa verkostossaan. Siinä toimiminen mahdollistaa tiimin kehittymisen ja kukoistuksen. Mitä tehokkaammin tiimi tuottaa lisäarvoa verkostolle, sitä paremmin se menestyy. Tiimivalmentajalla tulee olla ymmärrys tiimin tarvitsemista verkostoista. Oma kollegiaalinen verkosto tukee tiimivalmentajan omaa kehittymistä.

Tiimivalmentajien on toimittava eettisesti korkealla tasolla. Toivomme heidän noudattavan Tiimiakatemia Globalin johtavia ajatuksia, jotka sisältävät arvot, vision ja mission. Missiona meillä on synnyttää rohkeita tiimivalmentajia. Visiona on tehdä Suomesta maailman tiimioppivin maa. Arvoina ovat luottamukselliset ihmissuhteet, tiimiyrittäjyys, jatkuvat kokeilut, tekemällä oppiminen ja maailma. Tiimivalmentajalla tulee olla taito rakentaa ja valmentaa tiimille yhteiset tavoitteet ja pelisäännöt. Hän ohjaa tiimin johtavien ajatuksien kehittymistä. Tärkeää on, että johtavat ajatukset ovat tiimin omia, ei tiimivalmentajan.

Ole kova oppimiskulttuurissa – pehmyt ihmisille

Vastuun siirtäminen oppijoille ja tiimille ei edellytä sitä, että huonoja tuloksia tulisi sallia. Oppimiskulttuurin rakentaminen perustuu tiimin itse asettamiin tavoitteisiin, johtaviin ajatuksiin, periaatteisiin ja tulostavoitteisiin. Joskus tavoitteet voivat olla suuria, silloin ne on syytä jakaa sopiviksi palasiksi. Visuaalisena ihmisenä arvostan mittarien visualisointia, niiden esilläpitoa ja jatkuvaa seurantaa. Ennen koronaa tiimimme työtilan tai kahvitilan seinällä olevat mittarit olivat minun mieleeni. Nyt yhteisen digitaalisen työtyötilan avaussivulla olevat toimivat parhaiten. Mittareiden tekeminen innostavaksi vaatii tiimivalmentajalta ja tiimiliideriltä oivaltamista sekä tiimin oivalluttamista.

Tiimin itsensä määrittämien tavoitteiden, periaatteiden ja johtavien ajatuksien (visio, arvot, missio) suhteen tiimivalmentajan tulee olla tarkkana ja tarvittaessa tiukkana.

Ihmisiä pitää ymmärtää ja kuunnella heidän omista lähtökohdistaan. Elämäntilanne vaihtelee, ja joskus on heikkoja ja joskus vahvempia hetkiä. Tiimi voi kannatella ja tukea yksittäistä tiimiläistä hänen heikolla hetkellään. Tämä onnistuu vain tiimin ollessa itse tarpeeksi vahva. Tiimilläkin voi olla omat heikot hetkensä, ja silloin tuki on tarpeen. Hyvä tiimivalmentaja auttaa oikeanlaisen tiimikulttuurin rakentumisessa. Tällöin ollaan eettisten periaatteiden äärellä.

Tiimivalmentaja ei voi ottaa tiimin johtajuutta. Siksi hänen on pystyttävä havahduttamaan tiimi oikeilla kysymyksillä, tarinoilla, kuuntelemalla, sanotun kertaamisella ja kiteyttämällä. Tilanneanalyysi tai yhteenveto on tehokas puuttumisen keino. Olen useasti havainnut, että ihminen tai tiimi ei osaa arvioida omaa tilaansa. Paras tapa on laittaa tiimi arvioimaan itse itsensä. Arviointityökalu tai -metodi riippuu tiimin tarpeesta. Jos tiimin haaste on asioissa, silloin teos Sinisen meren strategia (Kim ja Maubourge 2005) tarjoaa erinomaisen viitekehyksen tiimin kulttuurin rakentamiseen. Jos haaste on tiimiläisten omassa toiminnassa, Hyvästä paras -kirjassa (Collins 2001) esitetty siilikonsepti auttaa. Siilikonseptissa on kolme kysymystä:

- mikä innostaa meitä/minua,
- missä voin/voimme olla oman alueeni paras,
- mikä on ansaintalogiikkamme.

Tiimiläisten tuntemuksen, vahvuuksien ja tiimin yhteistyön rakentamisessa aikaisemmin esitetty Rauno Korven kehäteoria toimii loistavasti. Palaan siihen myöhemmin.

Oppimiskulttuurin ylläpidossa olen tarkka dialogiympyrän pyöreydestä. Se edustaa minulle oppijoiden tasa-arvoa ja tasavertaisuutta. Kaikki ovat samalla tasolla. Monesti mietin, miten fläppitaulu saisi osaksi ympyrää. Haluan, että kaikki näkevät sen samalla tavalla. Kerran kävi niin, että yksi johtavassa asemassa oleva henkilö ei halunnut tulla mukaan dialogiympyrään. Hän halusi tarkkailla muuta henkilökuntaa dialogiympyrän ulkopuolelta ja oman tietokoneensa takaa. Useista pyynnöistä huolimatta hän ei halunnut asettaa itseään muiden kanssa tasavertaiseen asemaan. Tiimivalmentajamme laittoi arvovaltansa peliin, mutta johtaja ei suostunut tulemaan millään dialogiympyrään. Pakottamisen seurauksena olimme pannassa tästä organisaatiosta pari vuotta. Tämä henkilö kyseenalaisti dialogisen johtamisen, reiluuden ja tiimioppimisen omassa työyhteisössään sillä seurauksella, että työyhteisön hallitus määräsi toimitusjohtajan tarkastelemaan työyhteisön dynamiikkaa. Hallitus päätyi myöhemmin siihen, että valmennukseemme osallistunut johtaja ei pysty rakentamaan työyhteisössä tasa-arvon ja yhdenvertaisuuden kulttuuria. Palasimme heidän kumppanikseen parin vuoden tauon jälkeen.

Tiimivalmentajana haluan näyttää esimerkkiä tasa-arvoisuudesta olemalla aina samalla tasolla oppijoiden kanssa. Otan itse dialogiympyrän huonoimman tuolin ja pidän tarkasti huolta, että dialogiympyrä on oikeasti pyöreä. Pyydän valmennuspaikkaa etukäteen järjestämään tuolit tasa-arvoiseen dialogiympyrään. Päiväkodeissa tuolit ovat usein U-muodossa. Lastentarhaopettaja asettaa itsensä lasten yläpuolelle, vaikka niin ei tarvitse olla. Yhdessä valmennuspaikassa laitettiin dialogiympyrä valmiiksi ennen meidän tuloamme paikalle. Tiimivalmentajan tuoli on hieman parempi ja muut tuolit laitettu U-muotoon, vaikka olin etukäteen pyytänyt tasa-arvoista dialogiympyrää. Ennen kuin aloitin tiimivalmennuksen järjestin harmonisen ja tasa-arvoisen dialogiympyrän. Etänä tasa-arvoisuus tarkoittaa sitä, että kaikilla on kamera päällä ja kuvaruutuun mahtuvat kaikki - niin kutsuttuun telkänpönttödialogiin.

7. Aloitus on tärkein

Tiimi rakentuu erilaisuuksien varaan – eri testeillä opit tuntemaan itsesi

Hyvässä tiimissä on erilaisia persoonia, jotka täydentävät toinen toisiaan. Tiimin rakentaminen alkaa vahvistamalla tiimiä erilaisilla persoonilla, panostamalla aloitukseen, tyhjentämällä mielet ja tuomalla esiin tiimin pitkäjänteinen polku. Tällä saat tiimitoiminnan alkuun. Kaikista tiimeistä voi tulla huipputiimejä. Oppimista pitää tukea kaikkien tiimiosaamisen kasvattamisella. Tällöin tuetaan ihmisten henkilökohtaisen mestaruuden kehkeytymistä. Osaamisen kasvattaminen antaa konkreettisia työkaluja ja keinoja toteuttaa kulttuurista muutosta.

On hyvä, jos pääset vaikuttamaan siihen, millaisista yksilöistä tiimi rakennetaan. Usein ajatellaan, että samanlaisuus olisi hyvä. Tällöin valitut olisivat toistensa kaltaisia, ajattelisivat ja toimisivat samalla tavalla ja olisivat lähes saman ikäisiäkin. Tiimin tulevalla vetäjällä on tapana valita kaltaisiaan, ja kaltaiset haluavat tiimikavereikseen kaltaisiaan. Näin syntyy helposti jännitteitä vailla oleva, hymistelevä ja hyvin toistensa seurassa viihtyvä työporukka, joka ei saa mitään ihmeitä aikaan.

Tuntuu ehkä ristiriitaiselta ajatukselta, että tiimi pitää rakentaa erilaisuuden varaan. On valittava erilaisia ihmisiä, joilla on monenlaista osaamista, toisistaan poikkeavia työtapoja ja ikähaarukkakin voi olla varsin laaja. Tällaisessa tiimissä yksilöiden on aluksi opittava ymmärtämään ja sietämään erilaisuutta ja opeteltava tulemaan toimeen toisenlaisten kanssa. Kun toimintaa haittaavat mielenmallit saadaan murskattua, erilaisuus alkaa tuottaa tulosta ja syntyy synergistä toimintaa. Tulokset voivat olla hämmästyttäviä.

Ihan ajattelun ja toiminnan raikastamisen takia tiimin jäsenillä tulisi olla monenlaisia taustoja. Ensinnäkin hyvässä tiimissä on kummankin sukupuolen edustajia, naisia ja miehiä. En kannata sukupuolikiintiöitä, mutta vähintään 20 prosenttia työyhteisöstä olisi hyvä olla toisen sukupuolen edustajia. Toiseksi tiimin ikärakenteen tulisi olla tasapainoinen. Olen valmentanut tiimejä, joissa on vain 20-vuotiata tai 50-60-vuotiaita. Näissä tapauksissa tiimi toimii parhaiten omanikäisten asiakkaiden kanssa, mutta eri ikäisten kohdeheimojen kanssa on haasteellisempaa. Tiimiläisten osaamis- ja koulutustaustojen olisi syytä olla erilaisia. Tiimiläisten ei tulisi olla kotoisin samalta paikkakunnalta. Tiimissä tulisi olla introvertteja ja ekstrovertteja. Ulospäin suuntautuneet ekstrovertit voivat hallita tiimin dialogia useamman tunnin. Kun kysyy dialogia kuunnelleelta introvertilta, mitä pitäisi nyt tehdä, hän voi tiivistää useamman tunnin dialogin viisaasti yhteen minuuttiin.

Tiimiläisten personallisuutta voidaan mitata erilaisilla testeillä. Tärkein ei ole, millaista testiä käytetään, vaan tärkeintä on testitulosten avoin jakaminen tiimiläisten kesken. Se auttaa tiimiläisten tutustumisessa toisiinsa ja itseensä. Tiimi toimii oppimisen peilinä. Testit ovat usein tilannesidonnaisia, mutta kyllä he niistä itsensä löytävät. Hyvä testi intro- ja ekstroverteille on saatavilla Linus Jonkmanin (2019) kirjan lopussa.

Perinteinen DiSC-testi erilaisine variaatioineen auttaa tyypittelemään itsensä hallitsevaan, vaikuttavaan, tunnontarkkaan tai vakaaseen. Tästä on sovellus, jossa ihmistyypit jaetaan peräti 16 eri luokkaan. Idiootit ympärilläni kirja (Erikson 2017) käyttää värejä, punainen (intohimoinen johtaja), keltainen (innostava tunnelman kohottaja), sininen (rauhallinen analysoija) ja vihreä (luonteva tiimiläinen). Eriksonin kirjan taustalla on DiSC-testi, mutta sen tieteellinen pohja on tutkijoiden mukaan hutera. Eriksonin mukaan jokaisessa voi olla useampia värejä. Olen itse tehnyt testin ja löytänyt siitä omia piirteitäni. Voiko yli kaksi miljoonaa kirjan lukijaa olla väärässä? Yksi parhaista valmentamani tiimin kanssa tehdyistä johtajuustesteistä oli Tuntemattoman sotilaan johtajuustesti. Ennen kaikkea siitä syntyi eteenpäin vievä syvällinen dialogi.

Lundbergin (2011) kirja Tuntematon Sotilas ja johtamisen taito sisältää johtajuustestin, jonka erään valmentamani tiimin kaikki jäsenet olivat tehneet. Tulosten pohjalta he kävivät urani parhaimman dialogin johtamisesta. Tiimiläisten rooleja parhaiten mittaa Belbinin (www.belbin.com) tiimiroolitesti. Tiimirooli on tilannesidonnainen ja juuri kyseiseen tiimiin liittyvä. Toimintaorientoituneita rooleja ovat takoja (shaper), tekijä (implementer) ja viimeistelijä (completer finisher). Takoja on energinen ja tavoiteorientoitunut johtaja. Hän pitää tiimin liikkeessä. Takoja ei menetä hetkeä ja ajaa tiimin toimintaan. Tekijä on ahkera ja vastuuntuntoinen toteuttaja. Hän tarvitsee käytännönläheisen strategian. Tekijä toteuttaa sen niin tehokkaasti kuin mahdollista. Viimeistelijä on tarkka ja huolellinen laadun varmistaja. Hän on parhaimmillaan saattaessaan asiat loppuun. Viimeistelijä poistaa virheet. Häntä kiinnostaa työn lopputulos, ei matka siihen.

Ihmisorientoituneita rooleja ovat kokooja (co-ordinator), diplomaatti (team worker) ja tiedustelija (resource investigator). Kokooja on tavoitteellinen ja tasainen vahvuuksien etsijä. Hän keskittyy tiimin päämääriin. Kokooja nostaa esille tiimin jäseniä ja delegoi työt sopivasti. Diplomaatti on joustava ja kannustava sovittelija. Hän saa tiimin toimimaan yhdessä. Diplomaatti nostaa esille oleellisen työn tehtäväksi ja viimeistelee sen. Tiedustelija on utelias ja innostuva mahdollisuuksien etsijä. Jos tiimistänne uhkaa tulla sisäänpäin kääntynyt, Hän nostaa ulkopuolisen maailman mahdollisuudet esille.

Ajatteluorientoituneita rooleja ovat keksijä (plant), arvioija (monitor evaluator) ja asiantuntija (specialist). Keksijä on luova ja omaperäinen ongelman ratkaisija. Hän on luova henkilö, jonka ajatuksia saattaa olla vaikea seurata. Kuuntele häntä tarkasti. Keksijä tuottaa omaperäisiä arvokkaita ratkaisuja. Arvioija on rauhallinen ja objektiivinen kriitikko. Hän on tiimin looginen ääni. Arvioija pohtii tiimin ratkaisuja maltillisella tavalla. Asiantuntija on määrätietoinen ja itseohjautuva tietäjä. Hänellä on syvää luotaavaa tietoa erikoisalueestaan. Hänen kuuntelullaan on iso merkitys tiimin menestykselle.

Patrick Lencionin (2016) kirjassa Paras mahdollinen joukkuepelaaja on mielenkiintoinen mallinnus. Hänen mukaansa tämä on tunneälykäs, nöyrä ja nälkäinen. Kirjassa on myös haastattelurunko asian selvittämiselle. Olen itse käyttänyt tätä haastattelurunkoa muutaman kerran. Kun haastattelin viittä ihmistä, oli kaksi heistä parhaita mahdollisia joukkuepelaajia, yksi tahaton pakansekoittaja, yksi rakastettava velttoilija ja yksi taitava politikoija. Uuden henkilön haastatteluun on myös toinen hyvä neuvo: haastattele uusi työntekijä vähintään kolme kertaa, kolmen eri ihmisen toimesta ja kolmessa eri paikassa. Tätä neuvoa ja runkoa olen itse käyttänyt uuden henkilön rekrytoinnissa, koska haluan parhaita mahdollisia joukkuepelaajia omaan tiimiini.

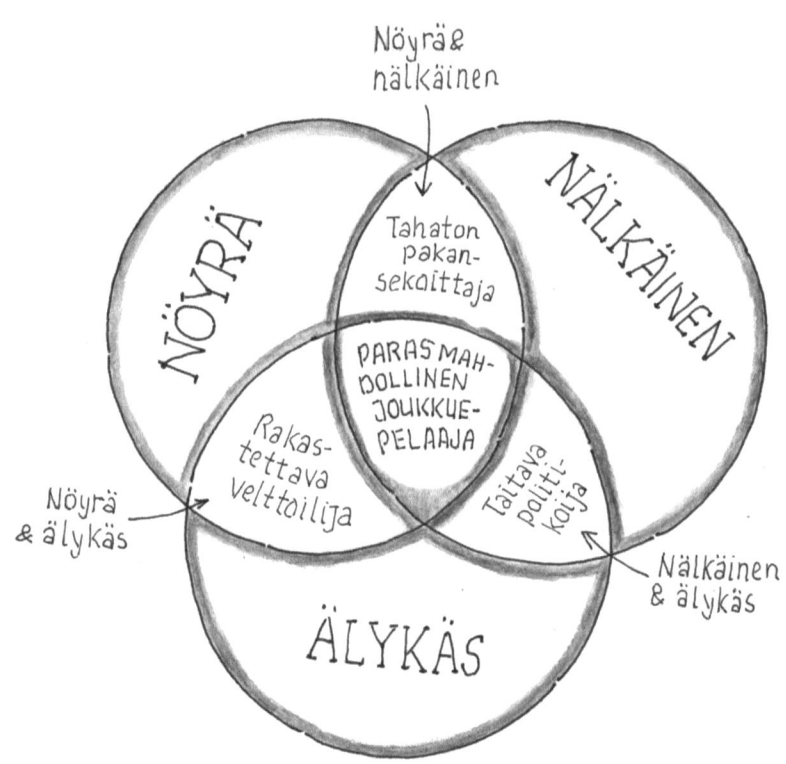

Kuva 15. Paras mahdollinen joukkupelaaja (Lencioni 2016).

Tiimistymisen ensimmäisessä vaiheessa testataan erilaisuuden sietokykyäni. Kun ihminen ajattelee ja toimii eri tavalla kuin minä, se tuntuu aluksi todella ärsyttävältä. Todella. Toisessa vaiheessa tunnistan nämä erilaisuudet. Ahaa, tämä tyyppi on sellainen ekstrovertti esiintyjä, ja tämä on introvertti pohdiskelija. Kolmannessa vaiheessa alan ymmärtää näiden tyyppien erilaisuuden taustoja ja vahvuuksia. Neljännessä vaiheessa hyväksyn erilaisuudet osana omaa tiimiäni. Viidennessä vaiheessa osaamme tiiminä hyödyntää erilaisuuksia ja muotoilla jaettu eli yhteisen vision.

Ensimmäinen kohtaaminen

Tiimin aloitustilaisuus on ainutkertainen. Kun astun ensi kertaa tiimin eteen, pohdin mitä tuon mukanani? Millainen on oma karaktäärini eli oma tapani valmentaa tai johtaa? En voi aloittaa tyhjin käsin, vaan pohdin ja suunnittelen ensimmäiset askeleeni. Oman käytökseni ja persoonani pitää tukea tiimin toimintaa, olen alussa vielä tiimitoiminnan keskiössä ja minun pitää näyttää suunta.

Yritän valmistaa mieleni aloitukseen ja tyhjentää pääni turhista ajatuksista. Tyhjyys on japanilaisen Samurai Mushashin mukaan korkein johtamisen taso, siitä uusi alkaa. En tunne muita paikalla olevia, eivätkä he tunne minua. Pyrin ottamaan etukäteen selville tiimiläisten taustoja. Jännitämme aina ennen uuden tiimivalmennuksen alkua. Mukana on aina kaksi valmentajaa, voimme tukea ja täydentää toisiamme, siksi mietin, millainen on parini aloituksessa? Pohdimme ja sovimme aloituksen yhdessä. Johdattelen oppijoita kohti päivän teemaa jollain sopivalla tarinalla tai kiinnostavalla teorialla ja omalla persoonallani. Tyhjyydessä on keskeistä tiimin tilanteeseen ja tavoitteisiin sopivan tunnelman ja energian löytäminen. Tiimiläiset ovat jännittyneessä mielentilassa, joten hauskuus ja aitous ovat tärkeitä.

Tiimin rakentaminen on pitkäjänteistä työtä. Alussa keskeisiä asioita ovat yhteinen tavoite, yhteinen aika ja kiinteä rytmi. Tiimin yhteisen tavoitteen tulee nousta tiimistä. Selkeyden nimissä on syytä kertoa ensimmäisellä kerralla, miksi itse ajattelit tiimin olevan olemassa ja miksi se on perustettu. Sitten tiimi itse muotouttaa oman tavoitteensa. Ajan kanssa. Toinen erittäin tärkeä seikka on yhteinen aika. Minimoin muodolliset tapaamiset ja maksimoin epäformaali dialogi. Kolmas erittäin tärkeä periaate on rytmi – tiimin tulee tavata säännöllisesti. Mieluummin kahdesta kolmeen dialogisessiota kerran tai pari joka viikko. Dialogisessiomme alkaa sisään kirjautumiselle eli check-inillä, jolloin kysytään kuulumiset ja osallistujien tunnelmat. Sitten käsittelemme yhdestä kahteen pääasiaa ja vielä kiireelliset asiat. Lopuksi päätämme dialogisession uloskirjautumiseen eli check-outiin. Kerromme omat fiiliksemme tapaamisesta ja millä mielellä jatkamme eteenpäin.

Meidän valmennusprosessimme kestävät puolesta vuodesta puoleentoista vuoteen. Sovimme kohtaamiset aina etukäteen koko ajalle. Erityisesti Tiimimestari-valmennuksen kahden vuorokauden kohtaamiset maatilamatkailupaikoilla tai etänä ovat tehokkaita. Valmennus perustuu kolmeen seikkaan: dialogiin, tekemällä oppimiseen ja kirjojen lukemiseen tai kuunteluun.

Suunnittelen tiimin aloituksen hyvin. Rakennan ensimmäisten viikkojen oppimispolun ensin itse tai valmentajakollegani kanssa. Esitän ajatukseni tiimille asettamalla ne dialogin keskiöön ensimmäisen kerran check-inin ja osanottajaesittelyjen jälkeen. Luotan tiimini älyyn ja annan sen kehkeytyä. Minun tärkein tehtäväni on rakentaa luottamusta. Luottamuskulttuurin rakentamisessa pitää olla tarkkana: hyviä elementtejä pitää vahvistaa ja huonoja karsia pois. Keskittyminen lisäarvon tuottamiseen johdattaa tiimin oikealle polulle.

Tiimin luottamus ja viestintä

Uskon radikaaliin avoimuuteen. Tiimivalmentajana yritän parhaani mukaan näyttää esimerkkiä kertomalla itsestäni niin paljon kuin "ilkiän". Yleensä siinä vaiheessa, jossa seksuaalisuudesta käydään dialogia tai siitä nousee yhteisesti hyväksyttyjä kaskuja, tiimin luottamuksen rakentuminen on hyvässä vaiheessa. Jos tiimissä salaillaan tai ei tuoda tosiasioita esille, luottamus rapautuu. Tiimivalmentajana en voi valmentaa tiimiä, jos en tiedä, mitä kulissien takana tapahtuu. Minun tulee tarkasti kuunnella. Yleensä sivulauseesta Introverttinä toteaa viisaasti tilanteen todellisen tilan.

Avoimuus synnyttää luottamusta. Toinen tärkeä luottamuksen rakentamisaine on toisten tunteminen. Tämä on yksi syy rajata oppimistiimin maksimikoko noin 25 henkilöön. Kun uusi oppimistiimi aloittaa toimintansa, pyrimme mahdollisimman paljon toimimaan pienissä projektitiimeissä. Pieni, kahdesta seitsemään henkilöstä koostuva projektitiimi oppii tuntemaan toisensa kohtuullisen hyvin yhden tiimimestari-session aikana. Luottamus rakentuu projektitiimien kautta isoon oppimistiimiin.

Tiimin sisäinen viestintä luo selkeyden tiimin toimintaan. Yhteisesti sovittu ja kaikkien käyttämä sähköinen viestintäkanava luo pohjan viestinnälle. Sellainen on syytä sopia ja järjestää. Toimivan viestintäkulttuuri syntyy tiimivalmentajan esimerkin kautta. Tiimin viestintää voi verrata kaupunkilehteen, joka ilmestyy kerran viikossa. Tiedon tulee olla hieman kotikutoista, juuri tiimille suunnattua ja säännöllistä. Tiimivalmentajan tulee itse päästä irti pääviestijän asemasta ja siirtää vastuu tiimille. Parhaimmillaan jossain tiimimestari-ryhmissä on syntynyt kiinteä yhteys ja ryhmä tapaa vuosittain valmennuksen loputtuakin.

Johtajuus ja merkityksellisyys tiimissä

Tiimin olemassaolon merkityksellisyys pitää ottaa puheeksi ensimmäisessä kohtaamisessa. Yleensä tiimillä ja sen oppijoilla on toimeksiantaja tai toimeksiantajat. Valmennusohjelmiin lähettävä työyhteisö haluaa tuloksia oppijoilta. Oppijoiden odotukset itseltään, toisilta, tiimivalmentajilta ja omalta työyhteisöltä kirkastavat koko tiimin merkitystä. Tässä muodostuu odotusneliö. Dialogi odotuksista antaa ensimmäisen kosketuksen tiimin merkityksellisyyteen. Tiimillä voi olla myös työyhteisön määrittämä selkeä tehtävä, kuten "suunnittele, rakenna ja käynnistä paperikone Kiinassa". Näissäkin tapauksissa tutustuminen toisiin tiimiläisiin vapaan dialogin kautta rakentaa tiimin luottamusta.

Valmentavan johtajuuden rakentaminen tiimiin vaatii kärsivällisyyttä. Ensimmäisten projektitiimien tiimiliiderien valintaa kannattaa pohjustaa ja pohtia. Jos joudun tiimivalmentajana valitsemaan tiimiliiderit tai lilla tränaret, pyrin ehdottamaan tiimioppimisen tuntevia tai kokeneita hyviä tyyppejä. Jos kyseessä on oppimista varten rakennettu tiimi ja liiderit vaihtuvat, ensimmäiset näyttävät mallia muille ja luovat pohjan tuleville. Myös työyhteisön tiimiliiderit tulisi valita muulla kuin asiaosaamisen tai virkaiän perusteella. Eräässä tiimissä nykyisen ja entisen tiimiliiderin välille nousi kiista. Tiimi kuunteli kiistaa hämmentyneenä. Nuori, vasta tiimiin liittynyt tiimiläinen otti johdon. Hän pyysi entistä ja nykyistä tiimiliideriä sovittamaan kiistan muiden edessä tai huoneen ulkopuolella. Kiista sovittiin tiimin edessä. Tiimiläinen äänestettiin uudeksi tiimiliideriksi, kun sen aika tuli.

Säännöllisesti vaihtuva tiimiliideri rakentaa jaettua johtajuutta tiimiin. Sen lisäksi, että projektitiimeille valitaan omat tiimiliiderit, voi oppimistiimillä olla oma tiimiliideri ja johtoryhmä. Tällä tavalla toimitaan Jyväskylän ammattikorkeakoulun Tiimiakatemiassa, Tampereen ammattikorkeakoulun Prokatemiassa ja Mondragonin Team Academyssä Baskimaassa. Tiimiliiderien ja tiimivalmentajien saumaton yhteistyö on elintärkeää. Johtajuuden siirtäminen tiimiliidereille on tiimivalmentajan tehtävä. Tiimiliideri vastaa ennen kaikkea koko tiimin asioiden johtamista – tiimivalmentaja tiimin oppimisprosessista. Liian nopea tiimiliiderin valinta voi johtaa väärään valintaan. Ekstrovertti haluaa tulla, erityisesti uudessa tiimissä, ensimmäisenä esille, mutta ei ole välttämättä paras tiimiliideri. Kun antaa introvertille mahdollisuuden ja rohkaisee häntä, saa tiimi paremman tiimiliiderin.

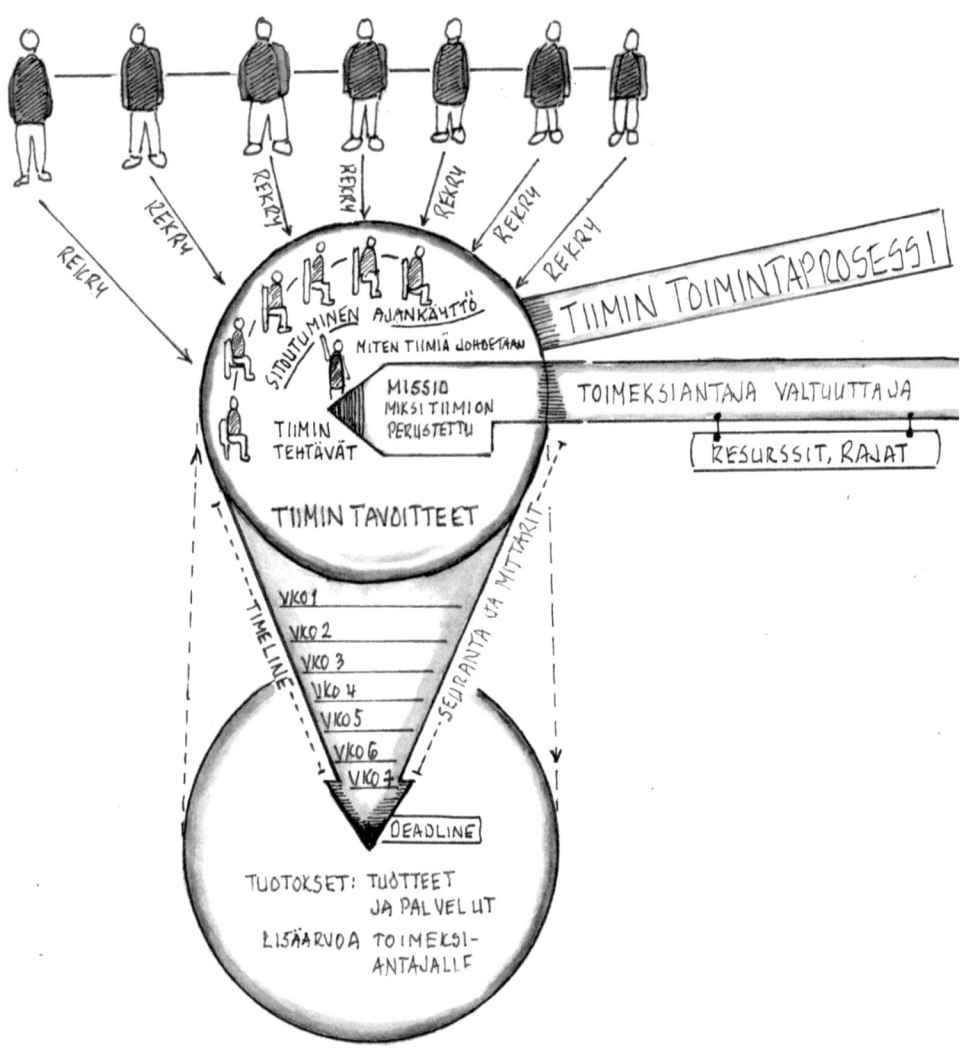

Kuva 16. Tiimin perustaminen ja käynnistäminen (piirros Timo Lehtonen).

Suunnittelu tuo voimakkaan aloituksen

Omakohtainen kokemus minulla on Jyväskylän Ammattikorkeakoulun Tiimiakatemian aloitusviikoista. Tämä sama konsepti toimii myös uuden tiimin kanssa missä tahansa ympäristössä. Minun aikanani aloitti lähes kuusikymmentä uutta oppijaa. Heidät jaettiin ensimmäisen viikon aikana kolmeen tiimiin. Meillä oli oma projektitiimi pelkästään ensimmäisten viikkojen toiminnan organisointiin. Tiimi koostui uusien tiimien tiimivalmentajista ja vanhimmista tiimiyrittäjistä (opiskelijoista). Projektitiimin kanssa laadimme päiväkohtaisen ohjelman kahdelle ensimmäiselle viikolle. Oman kumppanin eli vuokratiimiliiderin kanssa suunnittelimme kymmenen viikon ohjelman. Hän oli vanhempi tiimiyrittäjä ja toimi tiimin vetäjänä ensimmäiset puoli vuotta.

Seuraava tarina yhdistää eri vuosien muistoja ja kokemuksia. Oikeassa elämässä kaikki ei mene suunnitelmien mukaan, vaan sattuu joitain poikkeuksellista ja tekee itsekin virheitä.

Ensimmäisenä päivänä haluamme järjestää uusille, vastavalituille tiimiyrittäjille henkilökohtaisen, mystisen ja yhteisöllisen vastaanoton. Kutsumme opiskelijoita tiimiyrittäjäksi, sillä jokainen tiimi perustaa osuuskunnan ja jokaisesta uudesta opiskelijasta tulee osuuskunnan osakas. Uudet tiimiyrittäjät saavat ensimmäisenä käteensä kuohuviinilasin ja Päävalmentaja (rehtori), tiimivalmentajat ja valitut vanhempien vuosikurssien tiimiyrittäjät kättelevät jokaisen. Tervetuliaistila on hämärästi valaistu ja siellä on hämyinen tunnelma. Aivan kuin saapuisit rock-konserttiin VIP-paikalle. Uudet tiimiyrittäjät ohjataan paikoilleen eturiviin. Koko Jyväskylän Ammattikorkeakoulun Tiimiakatemia on läsnä, noin 150 henkilöä. Bändi räväyttää ensimmäisen biisin soimaan. Bändissä ovat mukana kaikki tiimivalmentajat, vaikka meidän soitto- ja laulutaitomme ovat "hieman" rajalliset. Olemme Lehtosen Timon kanssa pukeutuneet sheikeiksi. Ostimme sheikkiasut Omanista oppivien organisaatioiden konferenssimatkan yhteydessä. Näen uusien tiimiyrittäjien jännityksen heidän kasvoistaan. Tilaisuuden juontaja kutsuu uusien tiimien valmentajat lavalle esittäytymään. Päävalmentaja Johannes Partanen pitää erikoisen ja syvällisen puheen tiimiyrittämisestä. Tämän jälkeen tulokkailla on oppismiskahvila (Learning Cafe- menetelmä), jossa tutustutaan tiimioppimiseen. Pidämme ensimmäiset dialogitreenit sekatiimeissä, perehdymme vanhempien tiimiyrittäjien asiakasprojekteihin, ja uudet tiimiyrittäjät tekevät esittelytaulun itsestään Tiimiakatemian seinille. Tämä spektaakkeli kestää neljä tuntia. Lopuksi annamme uusille tiimiyrittäjille heidän kahden viikon ohjelmansa.

Toisen päivän aloitamme rauhallisemmin. Jaamme uudet tiimiyrittäjät kolmeen ryhmään. Yksi ryhmä tekee Belbinin tiimiroolitestin, toinen tutustuu kirjaston palveluihin lainaamalla ensimmäisen kirjansa ja kolmas käy dialogia tiimioppimisen menetelmästä Tiimiakatemialla. Belbinin testien, sukupuolen, iän, ammatillisen kokemuksen ja kotipaikan perusteella jaan kaikki kuusikymmentä uutta tiimiyrittäjää kolmeen eri tiimiin.

Kolmantena päivä julkaisemme uusien tiimien kokoonpanot. Olemme taas lava-alueella ja tilaisuudessa on spektaakkelimainen tunnelma. Jokainen tiimi tulee toimimaan seuraavat kolme ja puoli vuotta samana oppimistiiminä saman tiimivalmentajan kanssa. Jännitys tuntuu luissa ja ytimissä. Jokaisessa tiimissä toimii vetäjänä puolen vuoden ajan oma vuokratiimiliideri, joka saa työstään liikevaihtoon perustuvan provisiopalkkion. Seuraavaksi tiimi siirtyy vuokratiimiliiderin ja tiimivalmentajan johdolla ensimmäiseen dialogisessioonsa. Aloitamme check in -kysymyksillä: mitä kuuluu, kuka olet ja mitä tuot mukanasi tänään? Kuuntelemme rauhallisesti kierroksen läpi. Olemme sopineet etukäteen vuokratiimiliiderin kanssa käsikirjoituksen. Hän ehdottaa tiimin jakoa neljään soluun, joilla kullakin on oma tehtävänsä. Yksi ottaa vastuulleen tiimin kotipesän järjestämisen, toinen alkaa tutkia osuuskunnan perustamista, kolmas seuraavan viikon ”to the forest and back”-reissua ja neljäs tekee osaamiskartan tiimiläisten taidoista ensimmäisen päivän esittelyiden perusteella. Tiimi alkaa järjestäytyä ja tiimiläiset tutustuvat toisiinsa. Yhteenvetona kukin solu esittelee työnsä tuloksia. Teemme uloskirjautumisen eli check-outin ensimmäisen päivän tunnelmista.

Neljäntenä päivänä tiimi alloittaa työskentelyn soluissa. Olemme sopineet, että aamupäivä on solutyöskentelyä ja iltapäivällä on Jyväskylä-suunnistus kaikille uusille tiimiyrittäjille. Opiskelijoiden työterveys, pääkampus, kaupunginkirjasto, Aalto-museo, opiskelijajärjestö ja opiskelijaelämän mahdollisuudet tulevat näin tutuiksi.

Viidentenä päivänä meillä on ensimmäisenä neljän tunnin dialogisessio, jonka on valmistellut ”to the forest and back”-solu vuokratiimiliiderin opastuksella. Seuraavalla viikolla lähdemme metsään yhdeksi yöksi, ja sinne pitää varustautua. Toisena teemana dialogisessiossa on kunkin tiimiyrittäjän esittäytyminen ja Beldinin tiimiroolitestin tuloksien läpikäynti. Pyrin luomaan turvallisen tunnelman. Iltapäivällä solut jatkavat työtään.

Uusi viikko alkaa ”to the forest and back”-retkellä. Se on saanut idean kirjasta To The Desert and Back (Mirvis, Ayas & Roth, 2003). Linja-autot odottavat. Uudet tiimit erävarusteineen marssivat linja-autoihin. Ajamme oppimisseikkailun eli alkavan kävelyretken alkupäähän. Jokainen tiimi kävelee noin kymmenen kilometriä. Matkalla on tiimiytymistä ja toisensa tuntemista edistäviä tehtäviä. Saavumme yöpymispaikkaan, missä saamme illallisen ja kolme aloittavaa tiimiä järjestää toisillensa iltamat. Me kaikki nukumme armeijan teltoissa. Seuraavan aamuna aamupalan jälkeen keräämme kaikilta puhelimet pois. Herättelemme porukkaa kysymyksellä: mitä sinä haluat elämältäsi? Vuokratiimiliideri saattelee jokaisen metsään istumaan itsekseen noin puoleksi tunniksi miettimään vastausta. Hän hakee porukan takaisin nuotiotulen ääreen. On kaunis syksyinen päivä. Aurinko paistaa mäntyjen välistä. Pohdimme elämän merkitystä ja kukin omia vastauksiaan. Lähdemme takaisin Tiimiakatemialle lounaan jälkeen.

Seuraavan eli seitsemännen päivän aamuna kullakin tiimillä on dialogisessio. Aloitamme kirjautumisella eli check-inillä. Tämän perusteella ”Forest and back”-retki on ollut tehokas. Ensimmäinen extrovertti, reserviupseerikoulun käynyt tiimiyrittäjä ilmaisee epäsuorasti olevansa kiinnostunut tiimiliiderin tehtävästä. Pohdin mielessäni, että hän toimi todella esimerkillisesti retken aikana, mutta uuden tiimin johtajan valinnassa ei kannata hötkyillä. Parasta antaa tiimin elää normaalia arkea ennen valintaa. Tiimi pohtii vuokratiimiliiderin johdolla reflektion eli jälki-motorolan kautta miten matka sujui. Siinä on neljä kysymystä: mikä meni hyvin, mikä meni huonosti, mitä opimme ja mitä laitamme käytäntöön. Olen sopinut vuokratiimiliiderin kanssa, että hän käyttää tämän jälkeen voimallisen puheenvuoron tiimioppimisen käynnistämisestä: 1) tiimi tarvitsee asiakkaita eli tekemällä oppimista, 2) säännölliset dialogisessiot ja 3) lukemista. Vuokratiimiliideri esittää loppuviikon ohjelman: jokainen tekee alustavan version omasta oppimissopimuksestaan. Torstaina tehdään soluttain eli pienissä ryhmissä ensimmäiset asiakaskäynnit. Perjantaina on dialogisessio, jolloin paneudumme oppimissopimuksiin.

Kun saavun torstaina paikalle hieman myöhässä, solut ovat jo työn touhussa järjestämässä asiakastapaamisia. Vuokratiimiliideri on pyytänyt jokaista käymään soluissa läpi oman verkostonsa eli tuttavansa ja sukulaisensa. Tavoitteena on, että jokainen solu käy iltapäivällä ainakin yhden asiakkaan luona asiakaskäynnillä. Kolme solua onnistuu tässä hienosti. Yksi solu alkoi tuotteistamaan omaa nettisivupalvelua ja eksyy tuotteistamisen syvään suohon.

Perjantaina syvennymme dialogisessiossa oppimissopimuksiin, joista selviää jokaisen osaamiset, vahvuudet ja jopa unelmatkin. Keskitymme kolmeen ensimmäiseen kysymykseen: missä olen ollut, missä olen nyt ja mihin haluan mennä? Vuokratiimiliideri ohjaa dialogisessiota solujen kautta. Iltapäiväksi menemme yhdessä kirjastoon ja paneudumme lukemiseen. Jokaisen pitää valita kolme kirjaa, jotka voisivat kiinnostaa. Niitä pitää myös lueskella. Olemme vuokratiimiliiderin kanssa käytettävissä, jos tarvitsee apua kirjojen valinnassa. Kirjoja tulisi aina lukea omaan tarpeeseen. Jos jokin kirja ei innosta, voi valita uuden ja kokeilla sitä.

Seuraavat viikot menemme samalla tahdilla. Maanantaisin ja perjantaisin on dialogisessessiot, sekä keskiviikkoisin solutapaamiset. Olemme laatineet vuokratiimiliiderin kanssa viikoille teemat. Kolmannella viikolla teemana on osuuskunnan perustaminen, neljännellä kaverijohtajuus. Tällöin jaamme solut uudestaan. Tiimi itse ehdottaa, että muodostaisimme solut teemojen mukaan. Teemoiksi sovittiin tiimisopimus, asiakkuudet, hyvinvointi ja viestintä. Jokainen solu valitsee myös oman vetäjänsä. Viikon viisi teemana on tekemällä oppimisen käynnistäminen eli asiakkuudet. Jokaisella tiimiläisellä on tavoitteena tehdä yksi asiakaskäynti per päivä. Viikon kuusi teemana on tiimisopimus, jossa tiimi sopii keskeiset pelisäännöt ja tavoitteet syksylle. Kaikki ovat mukana hyvässä tekemisen virtauksessa. Tämän jälkeen sovimme tiimin kanssa, että se saa itse sopia viikkojen teemat.

Viikon seitsemän teemaksi muodostuu hyvinvointi. Tiimissä on mukana terveydestä ja hyvinvoinnista innostunut tiimiyrittäjä. Hän pitää koko tiimille maanantai aamuna kello seitsemän kiinalaisen Tai chin tunnin. Se on ulkona. Tämän jälkeen menemme sisälle hänen järjestämälleen terveelliselle aamupalalle, jonka aikana hän kertoo terveellisestä ruokavaliosta ja liikkumisesta.

Viikon kahdeksan viestintätiimi ottaa omakseen. He ovat perehtyneet rakettimalliin ja laatineet tiimin seinälle mallin mukaisesti kirjapistetavoitteet, asiakasprojektien seurannan ja tiimin vahvuuskartan. Lisäksi tiimille oli perustettu omat nettisivut.

Viikolla yhdeksän teemaksi nousee tiimin johtajuus. Nyt halutaan valita tiimiliideri ja johtoryhmä. Tiimiliideriksi nousee hyvinvoinnista innostunut, hieman introvertti tiimiyrittäjä. Ekstrovertistä reserviupseerikoulun käyneestä tiimiyrittäjästä tulee asiakkuusjohtaja, tiimisopimussolusta nousee talousjohtaja ja viestintäsolusta viestintäjohtaja. He muodostavat tiimin johtoryhmän vuodeksi. Viikon kymmenen teemana on tiimin käytännöt eli rutiinit. Uusi tiimiliideri on kuunnellut Crearin (2018) Atomic Habits-kirjan ja pidämme dialogisession liittyen tiimin käytänteiden sopimiseen. Dialogisessiot ovat edelleen maanantaisin ja perjantaisin. Tiistaisin on asiakasjohtajan ohjaama asiakkuuspäivä. Keskiviikko on solupäivä ja tapaaminen tiimin johtoryhmän kanssa. Torstaiaamuisin on lukupiiri, jonka jälkeen tiimi paneutuu omiin projekteihinsa. Vuokratiimiliideri jää vähitellen taustalle, mutta tukee edelleen uutta tiimiliideriä ja johtoryhmää aina jouluun asti. Sovimme uuden tiimiliiderin kanssa kehityskeskustelut, jotka toteutetaan pareittain. Käymme jokaisen kanssa läpi heidän oppimissopimuksensa

8. Tiimin rakentamisen vaiheet

Tiimin vaiheet

Katzenbachin ja Smith (1993) kuvaavat selkeästi tiimien kehittymisen vaiheet ensin ryhmästä valetiimiksi, sitten potentiaaliseksi tiimiksi, toimivaksi tiimiksi ja lopulta mahdolliseksi huipputiimiksi. Tämä on mielestäni paras tiimin kehittymisen mallinnus. Siinä on selkeästi mukana ryhmääntymisvaihe, ja erityisesti termi valetiimi on mainio. Malli on yksinkertainen, selkeä ja syvällinen. Ja kirja erinomainen, erityisesti englanninkielinen nimi, Wisdom of Teams, on viisas kuten itse kirjakin.

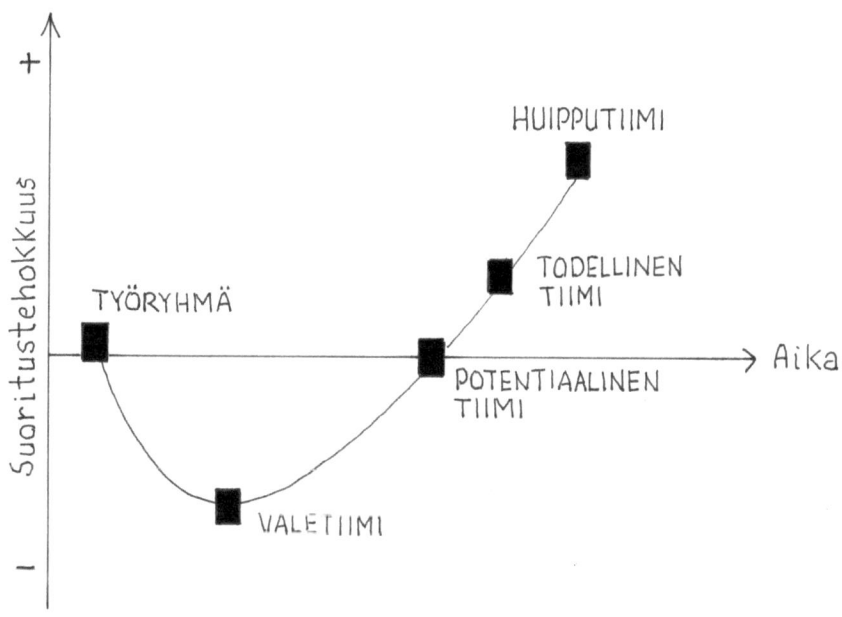

Kuva 17. Tiimin kehittyminen (Katzenbach & Smith (1993)

Uuden ryhmän aloittaessa yleensä alkuinnostus tempaa mukaansa tiimin jäsenet. Uudet asiat, uudet ihmiset ja uusi mahdollisuus. Ryhmä on joukko ihmisiä, jotka ovat tietoisia toisistaan. Tiimi on joukko ihmisiä, joilla on jaettu vahva visio, suunta, mihin joukko ihmisiä pyrkii yhdessä. Tiimivalmentajan tehtävä on tässä vaiheessa kysyä ryhmältä, haluatteko lähteä rakentamaan tiimiä vai halutatteko pysyä ryhmänä? Jossain tapauksissa ryhmänä pysyminen on parempi vaihtoehto, jos yhteisen jaetun vision rakentamiseen ei ole edellytyksiä.

Alkuinnostuksen jälkeen uusi toimintatapa aiheuttaa notkahduksen. Pääsemme valetiimivaiheeseen. Ei uskalleta vielä puhua suoraan. Erimielisyyksistä ja epäonnistumisista ei puhuta. Toista tiimiläistä ei tunneta niin hyvin, että luottamusta olisi syntynyt. Tiimi voi näyttää ulospäin toimivalta, mutta tiimin sisällä voi olla vakavia ristiriitaisuuksia. Omien empiiristen havaintojeni mukaan erityisesti johtoryhmät jäävät tähän pisteeseen. Johtajat kilpailevat keskenään, osa-optimoivat omaa vastuualuettaan ja eivät luota toisiinsa. Jos yrityksellä on oikea johtotiimi, kuten Nokialla oli Dream-Teaminsä sen kulta-aikoina 2000-luvun taitteessa, koko organisaatiokin alkaa sen rinnalla kukoistamaan. Jos yrityksessä syntyy toimiva johtotiimin, sillä on todellinen kilpailuetu. Tiimivalmentajan tehtävä on tässä vaiheessa kehittää luottamusta ja innostaa sekä kannustaa mahdollisuuksiin hyödyntämisessä. Myös se mahdollisuus, että ryhmä ei haluakaan tiimistyä, pitää nostaa esille. Tässä vaiheessa voi valetiimistä erota muutamia jäseniä, kun he tajuavat tiimimatkan haasteet. Tämä pitää hyväksyä.

Jos ryhmä saa sovittua itselleen yhteisen vision ja pelisäännöt, sillä on mahdollisuus kehittyä tiimiksi. Valetiimivaihe ohitetaan luottamuksen rakentamisella. Se rakentuu puhumalla eli varaamalla avoimeen dialogiin riittävästi aikaa, kahdesta neljään tuntiin joka viikko. Näin valetiimistä tulee potentiaalinen tiimi. Tiimin jäsenet tajuavat erilaisten rooliensa merkityksen vision saavuttamisessa ja alkavat etsiä sopivia pelipaikkoja itselleen ja toisilleen. Oppimistiimissä tämä tapahtuu, kun oppimissopimukset on tehty, jokaisen henkilökohtainen tavoitteet on esitelty muille ja niistä muodostuu tiimin jaettu visio. Henkilökohtaiset ja tiimin kehityskeskustelut ovat hyviä areenoita tehdä oppimissopimukset yksilöille ja tiimeille. Oppisopimuksessa yksilö sitoutuu sovittuihin tavoiteisiin, ja työyhteisö antaa yksilölle resurssit saavuttaa nämä tavoitteet. Oppisopimuksen kysymykset muodostavat myös hyvän pohjan tiimisopimukselle.

Toimiva dialogin on hyvä merkki tiimin kehittymisestä. Erityisesti ristiriitaisuuksien esille nouseminen on vahva signaali luottamuksen noususta. Ristiriitaisuuksia pitää pystyä käsittelemään toisia kunnioittavassa hengessä. Muistan erityisesti yhden Tiimimestari-valmennuksen, jossa oli mukana työyhteisön johto, keskijohto ja asiantuntijat. Sivistyneessä ja suorapuheisessa dialogissa nousi esille työyhteisön kipukohdat, joista puhuttiin täysin uudella tavalla. Dialogin edetessä maltoin mieleni, enkä sanonut mitään, mutta ilmettäni en pystynyt hallitsemaan. Yksi tarkkaavainen henkilö huomasi tämän, vaikka olimme etänä (meillä oli kamerat päällä). Hän totesi: "Meidän pitää lopettaa tämän asian vatvominen ja sopia jatkotoimista, ennen kuin Heikin hymy tulee korvista läpi." Tiimivalmentajan hymy voi olla siis ratkaiseva ohjausmetodi. Koko työyhteisö tajusi tästä kommentista ja minun hymystäni, että nyt ollaan muutoksen kynnyksellä. Tiimivalmentajan tehtävänä on tässä vaiheessa auttaa tiimiä muodostamaan jaettu visio ja auttaa tiimiä luomaa erilaisia skenaarioita sen pohjalta. Yleensä tiimivalmentajan tulee rohkaista ajattelemaan tarpeeksi isosti. Tiimi kyllä itse asettaa omat rajansa.

Siltä ajalta, kun toimin Jyväskylän Ammattikorkeakoulun Tiimiakatemian tiimivalmentajana, on moni tiimiyrittäjä (opiskelija) noussut menestyväksi yrittäjäksi. Jollekin riittää, että saa elätettyä itsensä, mutta joku toinen tavoittelee suurta kasvua. Tiimiyrittäjän oma henkilökohtainen innostus ja visio ovat keskeisiä. Muistan hyvin, kun Lasse Jalkanen tuli Tiimiakatemialle. Hänellä oli polttava innostus terveysruokiin. Hän aloitti terveysnäkkileivän tuonnilla Saksasta. Homma kehittyi nopeasti, ja lopulta projektin liikevaihto nousi noin 500.000 euroon kolmen opiskeluvuoden aikana Tiimiakatemiassa. Nyt hänen perustamansa Foodin tekee liikevaihtoa noin 10 miljoonaa euroa vuodessa. Lasse oli yrittäjä, jolla itsellään oli selkeä visio. Hänen omalla oppimistiimillään oli vaikeuksia sitä omaksua enkä pystynyt sitä tarpeeksi tukemaan. Vision voima on valtava.

Tiimistä tulee todellinen tiimi, kun tiimiläiset oikeasti havaitsevat tiimin edut ja hyödyt. Tiimi saa tuloksia aikaiseksi ja tiimiläiset ovat sitoutuneet tiimiin. He huomaavat tiimin voittavan ryhmän. Tulokset syntyvät, kun tiimiläisten roolit uskalletaan jakaa vahvuuksien mukaan ja erilaisuus hyväksytään. Tiimimestari-ryhmässä pääsemme normaalisti tälle tasolle prosessin loppuvaiheessa. On oikeasti hieman hämmästyttävää, että kaksikymmentä toisilleen vierasta oppijaa oppii luottamaan toisiinsa ja kannustamaan toisensa tuloksiin puolentoista vuoden prosessin aikana.

Tiimimestari-ryhmäläiset kannattelevat tiimin jäsentä, jos hänellä on vaikea hetki elämän kaaressaan. Yhdelle osallistujalle tuli vakava aivosyöpä. Hän joutui olemaan useamman kerran etänä hybridi-toteutuksessa, eli osa paikalla fyysisesti ja osa etänä. Kerran hän oli sytostaattihoidoissa sairaalassa erityksessä. Tiimimestari-valmennus toi hänelle voimaa selvitä syövästä. Oli mahtavaa, kun hän pääsi uudestaan mukaan parantuneena. Muutaman kerran tiimimestari-oppijasta on tullut oppimismatkan aikana sen vuoden palkittu esimies tai asiantuntija omassa työyhteisössään. Erään esimiehen johtamistulokset paranivat Great Place to Work -johtajuusmittauksessa eri osa-alueilla 16 prosentista peräti 53 prosenttiin. Tiimivalmentaja huomaa itse tällä tiimin kehitystasolla, että hänen roolinsa liukuu sivummalle: hän on kuten vanhempi, joka seuraa lapsiparven leikkiä. Häneltä voidaan kysyä jotain, mutta ei välttämättä kysytä mitään.

Huipputiimejä syntyy harvoin. Tälle tasolle yltää ehkä viidestä kymmeneen prosenttiin tiimeistä. Omasta näkökulmastani huipputiimi syntyy, kun sen dialogi toimii erinomaisesti ja tiimi oppii tekemällä tietoteorian (Nonaka & Takeuchi 1995) kautta mitattavia huipputekoja. Kun dialogin neljä elementtiä eli odotus, kunnioitus, suora puhe ja kuuntelu täyttyvät, on huipputiimin muodostumisen edellytykset olemassa. Tiimi ei ole kuitenkaan huipputiimi ennen kuin se tekee mittavia huipputekoja ja oppii niistä. Jos huipputiimillä ei ole nöyryyttä oppia ja tehdä avoimesti virheitä, se ei ole huipputiimi. Huipputiimissä on yleensä riittävän erilaisia ihmisiä ja erilaisuus osataan taitavasti käyttää hyväksi. Tiimivalmentajan tärkein tehtävä on tietoinen läsnäolo ja tiimin tukeminen oikeilla hetkillä oikealla tavalla. Tiimivalmentajalle puuttumisen laki on keskeinen. Huipputiimi tietää itse, mihin se on menossa ja miten. Tiimivalmentajan omat hörhötykset voivat vain häiritä sitä.

Muistan, kun oppimistiimistä muodostui huipputiimi. Valmensimme Johannes Partasen kanssa Tiimimestari-ryhmää. Toimin tässä toisena avustavana valmentajana. Ryhmän jäsenet tulivat todella erilaisista taustoista, mukana oli huippumuusikoita, opettajia, yrittäjiä, johtajia, taitelijoita, asiantuntijoita ja tiimiyrittäjiä (opiskelijoita). Kaikilla muillakin mittareilla ryhmä oli todella heterogeeninen. Kävimme oppimismatkan asiakkuusjaksolla osallistujan A.V. Yrjänän keikalla: tajusin siellä hänen asiakkuusheimonsa. Ryhmä itse päätti järjestää viimeisen Tiimimestari-session Espanjassa, ja se oli ikimuistoinen valmennusmatka.

On mielenkiintoista tarkastella Katzenbachin ja Smithin (1993) mallia Patrick Lencionin (2002) mallin kautta, jossa hän on kuvannut negaation kautta tiimien kehittymistä:

- Ensimmäinen taso on luottamuksen puuttuminen (= ryhmä). Luottamuksen rakentaminen on kaiken perusta. Se kehkeytyy aitouden, tekojen ja hyvän dialogin kautta.

- Toinen taso on konfliktien pelko (=valetiimi). Ei uskalleta puhua suoraan ja nostaa ristiriitoja esille.

- Kolmas taso on sitoutumisen pelko (potentiaalinen tiimi). Ryhmästä tulee tiimi vain niin, että kaikki ovat täysillä mukana.

- Neljäs taso on mittaamisen välttely (=todellinen tiimi). Tiimiin ei uskalleta tuoda omaa panosta.

- Viides taso on tuloksien huomiotta jättäminen (=huipputiimi). Tuloksia ei tule tai niitä ei juhlita.

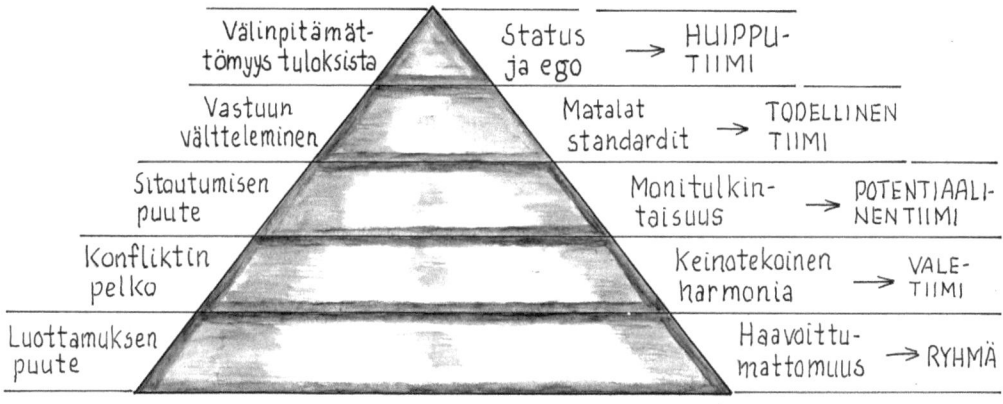

Kuva 18. Viisi toimintatasoa tiimissä.

Visuaalisuus tukee mielestäni kaikkea johtamista, erityisesti kun esitellään tiimien muodostumisprosessia. David Sibbetin (2011) kirjassa Visual Teams on seitsemän portainen mallinnus tiimien kehittymisestä. Tämän mallin vahvuuksia ovat visuaalisuus ja selkeät kuvaukset kullekin kehitysvaiheelle. Seuraavalla sivulla esitellyssä kuvassa mallin pääpiirteet tulevat esille. Tiimien rakentaminen käytännössä on ainutlaatuinen, monivaiheinen ja monipolvien prosessi, joten mallinnukset toimivat vain ajattelun tukena kullekin tiimille, tiimiliiderille ja tiimivalmentajalle.

Pat Rileyn (1993) Winner Within tarjoaa kertomuksen ja mallinnuksen L.A. Lakersin matkasta MBA-mestariksi (neljä kertaa). Se on todella mainio tiimikirja. Siinä tulee hyvin esille joukkueen erilainen matka huipputiimiksi. Kehitys ei mene aina mallinnuksien mukaan! Erkka Westerlund, Henrik Dettmann ja Petteri Nykky tarjoavat kirjoissaan suomalaisen version omista tiimimalleistaan. Elokuva Apollo 13 (1995) tarjoaa elokuvan muodossa mielenkiintoisen esityksen tiiminrakennusprosessista, jonka tuloksena pelastettiin kolme astronauttia varmalta kuolemalta.

Team Performance Model Sibbel, David. Visual Teams (2011)

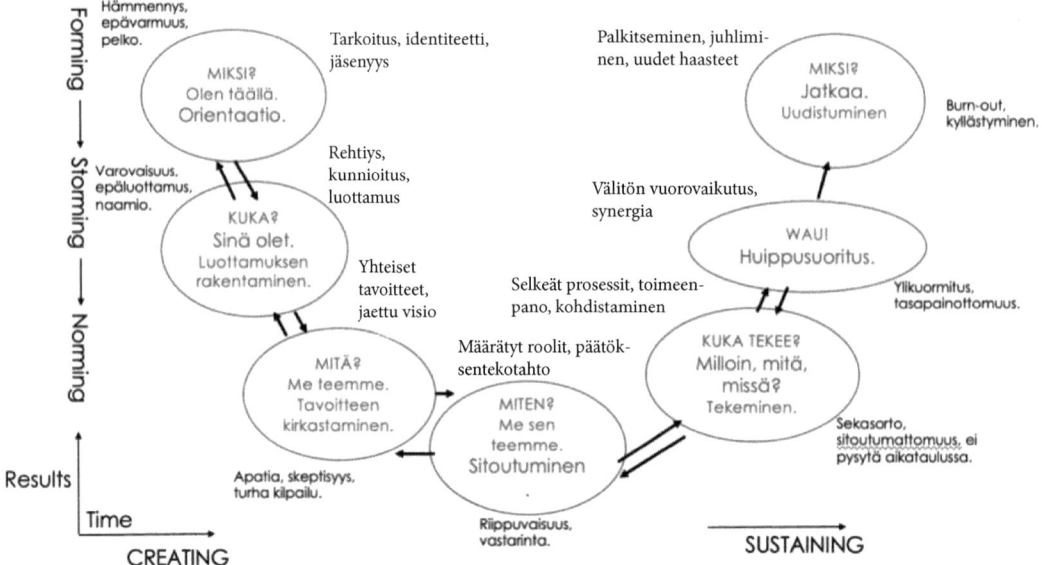

Kuva 19. Tiimin kehittyminen.

Tiimien toiminnan mittaaminen

Mielenkiintoinen testi tiimin yhtenäisyyden mittaamiseen on Rauno Korven kehäteoria (Lehtonen 2012, Korpi 2002). Kehäteorian tai vyöhyketeorian mukaan tiimiläiset koostuvat ydinpelaajista, avainpelaajista, aktiivisista, mukana kulkijoista ja eroavista. Ensimmäisessä vaiheessa pyydän muita tiimiläisiä merkitsemään pisteellä, missä he näkevät kunkin tiimiläisen tiimissä. Teemme siis jokaiselle kuvan X mukaisen kuvion. Samaan aikaan tiimiläinen ajattelee itsensä tiettyyn paikkaan kehällä ja merkitsee sen lopuksi itse rastilla omaan lappuunsa. Toisessa vaiheessa kaikki tiimiläiset yksitellen antavat palautetta toisillensa. Tiimiakatemiassa olemme yhdistäneet testin vuorokauden valmennussessioon.

Muistan elävästi yhden tiimini valmennussession mökillä. Teimme itse testin ensin. Jollekin tiimiyrittäjälle tuli isona yllätyksenä se, että tiimi ei pitänytkään häntä ytimessä olevana. Joku toinen oli itse pohtimassa eroa koko tiimistä, mutta muut pitivät häntä vielä ihan aktiivisena. Intensiivinen valmennussessio kesti lähes kaksitoista tuntia. Itse testin tekeminen kesti alle tunnin, mutta palautteen antaminen jokaiselle kesti iltapäivästä seuraavan yön aamutunneille. Vaikutus henkilökohtaiseen kehittymiseen ja tiimistymiseen oli valtava. Tiimi hitsautui yhteen tämän mökkivalmennuksen aikana.

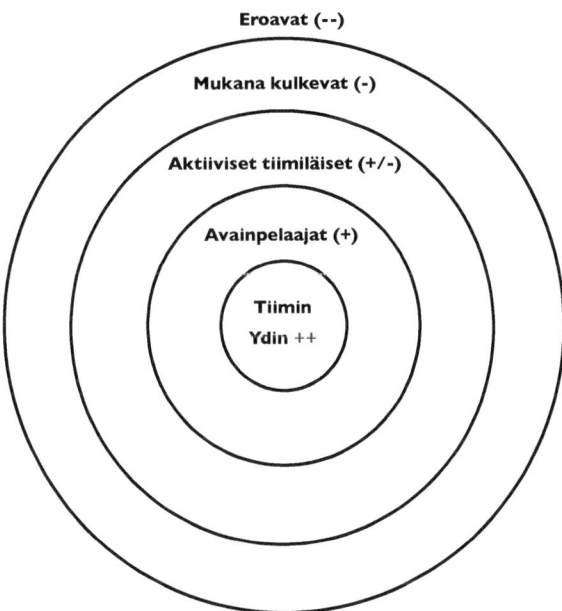

Kuva 20. Vyöhyketeoria eli kehäteoria.

Losada (2004) on tutkinut huipputiimejä dialogin kautta. Hän löysi dialogista kolme mittavaa akselia: 1) positiivisuus ja negatiivisuus, 2) avoimet kysymykset ja omat mielipiteet, 3) puhe meistä ja muista (asiakkaat). Positiivisuus on huipputiimin oleellinen tunnusmerkki. Huipputiimissä on yhtä kriittistä puheenvuoroa kohden kuusi positiivista. Negatiiviset puheenvuorot ovat tärkeitä kehittymisen kannalta, mutta niitä ei saa olla liikaa. Suomalaisessa johtoryhmässä voidaan puhua huipputiimistä, kun suhdeluku on kolme positiivista ja yksi negatiivinen. Keskitason tiimissä on kaksi positiivista yhtä kriittistä kommenttia kohden. Matalan tason tiimissä on kolme kriittistä yhtä positiivista kohden.

Toinen oleellinen seikka dialogissa ovat avoimet kysymykset ja omat mielipiteet. Avoimeen kysymykseen ei voi vastata kyllä tai ei. Hyvä avoin kysymys herättää tiimin, ja sen vaikutus on pitkäkestoinen. Tiimi herää pohtimaan asiaa uudesta ja jännittävästä näkökulmasta. Huipputason tiimissä avoimet kysymykset ovat tasapainossa omien mielipiteiden kanssa. Keskitason ja matalan tason tiimeissä omien mielipiteiden määrä ylittää reilusti avoimet kysymykset.

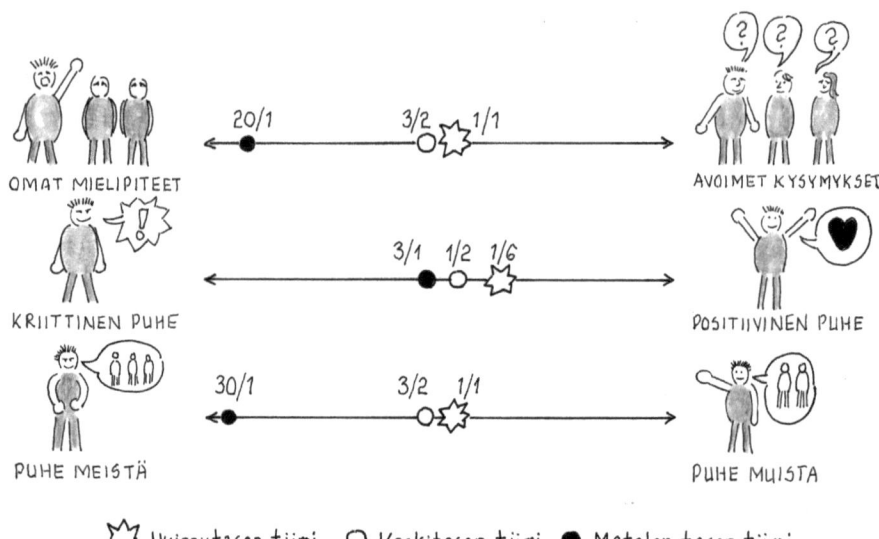

Kuva 21. Losadan testin akselit

94

Kolmas oleellinen tunnusmerkki on puhe meistä ja muista. Huipputiimi puhuu yhtä paljon itsestään ja muista. Omaa toimintaa verrataan muihin ja asiakkaat otetaan huomioon. Keskitason tiimissä puhe kääntyy itseen suhteella 2/3 (muut/me). Matalan tason tiimissä puhe on 30 kertaa enemmän itsestä kuin muista. Tämä kertoo suurista sisäisistä haasteista.

Tiimin dialogista voin päätellä, millaisella tasolla tiimi on. Olen joskus seurannut ja havainnoinut tiimin dialogia 30-60 minuutin ajan. Jokaisen puhutun lausekokonaisuuden tai kommentin olen pyrkinyt arvioimaan Losadan kolmen ulottuvuuden kautta: oliko lausekokonaisuus tai kommentti a) oma mielipide vai väittämä, b) negatiivinen vai positiivinen ja c) puhuttiinko tiimiä koskevista asioista vai tiimin ulkopuolelle menevistä asioista. Tämän jälkeen olen esitellyt tukkimiehen kirjanpitoni tiimille ja muut mielenkiintoiset havainnot tiimin dialogista. Tästä teimme päätelmiä tiimin tilanteesta. Tiimin dialogia voidaan kehittää jakamalla kaikille tiimin jäsenille kaksitoista korttia: kaksi negatiivista, kaksi positiivista, kaksi kysymystä, kaksi omaa mielipidettä, kaksi meistä ja kaksi muista. Kun tiimin jäsen puhuu, hän laittaa kortin pöytään. Kun ensimmäiseltä tiimiläiseltä loppuvat kortit, tiimi voi pysähtyä miettimään tiimin dialogia. Kuka puhuu ja mitä sanottavaa hänellä on? Toinen versio on tehdä vain kymmenen korttia kaikille ja lopettaa dialogi vasta, kun kaikki ovat käyttäneet kaikki korttinsa.

Esa Saarinen esitti J.T. Bergquistin kaavan Pafos-seminaarissa kesällä 2013. Bergquistin mukaan tiimityö on kertolaskua. Tiimin tulos on tiimin jäsenten kertolaskua. Jos yksikin jäsen tulee 80 prosentin asenteella tiimiin mukaan, on tiimin tulos 80 prosenttia. Samalla huonolla asenteella liikkeellä oleva saa helposti mukaansa muut jäsenet. Jos tiimissä on kuusi jäsentä ja kaikki ovat mukana 80 %:n asenteella, on tiimin tulos 26 prosenttia. Jos tiimin jäsenet pystyvät ylittämään itsensä 20 prosentilla eli jokainen on mukana 120 prosentin asenteella, on tiimin tulos 298 prosenttia. Tiimiläisten asenteella on valtava merkitys tiimin tulokseen.

Jos joku ei ole mukana tiimissä oikealla asenteella, niin juuri tiimivalmentajan tehtävä nostaa asia esille. Muistan yhden tuotekehitystiimin johtajan, joka oli mukana meidän valmennuksessamme. Hänen tiiminsä tuloksia mitattiin maailmanlaajuisesti, ja hänen tiiminsä oli maailman toiseksi paras. Hän halusi tiiminsä maailman parhaaksi. Esitin tämän kaavan ja hän tajusi, että hänen tiimissä oli kaksi ihmistä, jotka eivät olleet täysillä mukana. Hän ymmärsi, että toisella näistä oli asenneongelma. Kilttinä johtajana hän oli antanut tilanteen hautua liian pitkään. Hän otti asian puheeksi tämän henkilön kanssa ja löysi ratkaisun yhdessä hänen kanssaan. Tuotekehitysjohtaja tuli silmät kirkkaina seuraavan kerran valmennukseen ja sanoi: "Enää yksi ihminen, niin tiimini on maailman paras."

9. Tiimityön haasteet ja synkkyys

Hitaat oppijat

Pidän mielessäni, että kyseessä on prosessioppiminen, eli oppiminen on hidasta tai vieläkin hitaampaa kuin itse joskus ajattelee. Prosessin alku-vaiheessa turhautumista tai negatiivisia kommentteja esittävää oppijaa on tärkeintä vain kuunnella.

Kuuntelemalla yleensä selviää juurisyy, miksi hän on turhautunut, onhan jokainen oman oppimisensa mestari. Kriittisellä tai negatiivisella kommentilla on yleensä tärkeä viesti tiimille, tiimivalmentajalle tai valmentavalle johtajalle. Itse voin olla täysin vää-rässä tai olen tehnyt virheen oppimisprosessia rakentaessani. Yleisiä syitä oppijoiden turhautumiselle ovat teoriatiedon kaipaaminen, vääränlaiset tiimikaverit ja "leikkimie-lisyys ja outous". Osallistuja voi olla sitoutumaton hengailija, joka kokee oppimispro-sessin liian hitaaksi hyödyllisyyden kannalta tai hän on mukana esimiehen/työyhteistön pakottamana.

Itse keskustelen kahden kesken turhautuneen oppijan kanssa. Yleensä pyydän häntä antamaan aikaa itselleen ja oppimisprosessille ainakin ensimmäisen Tiimimestari-jak-son ajan. Jos turhautumisen syynä ovat olleet toiset tiimiläiset, esimerkiksi yrittäjä tai johtaja on opettajien ryhmässä tai toisinpäin, pyydän antamaan aikaa itselle.

Muistan elävästi erään johtajan, joka oli joutunut opettajapainotteiseen Tiimimesta-riryhmään. Hänen pieneen projektitiiminsä liittyi vielä yksi myöhässä tullut osanottaja. Hänkään ei päässyt yhtään kärryille koko prosessista. Johtaja oli käden puuskassa ja erittäin turhaantunut. Kuulin jälkeenpäin, että hän oli iltasella soittanut aviokumppa-nilleen ja miettinyt kotiinlähtöä. Onneksi myöhässä tullut oppija ja johtaja muodostivat työparin ja tukivat toinen toisiaan sekä purkivat turhautumistaan. Keskustelin heidän kanssaan ja pyysin antamaan aikaa oppimiselle. Onneksi kumpikin antoi aikaa. Johtaja kipuili koko oppimisprosessin ajan ryhmän kanssa. Kuulin myöhemmin hänen alai-siltaan, että hän oli oppinut kärsivällisyyttä ja kuuntelemista tämän prosessin aikana merkittävästi. Näillä taidoilla hän sai oman tiiminsä kukoistamaan.

Jossain tapauksessa olen saanut vaihdettua oppijan toiseen ryhmään, jolloin hän on tuntenut saavansa enemmän irti valmennuksesta. Voin vaihtaa oppijan myös eri projektitiimiin. Normaalissa työyhteisössäkin on aina sellaisia ihmisiä, joiden välinen yhteistyö ja kaveruus ei ole aivan luontaisinta. Kaikkien kanssa on hyvä oppia tulemaan toimeen ja tekemään tiimityötä. Hyvä tiimi rakentuu erilaisista ihmisistä. Erilaisuus ärsyttää välillä.

Tiimioppiminen perustuu sosiokonstruktionismiin eli oppijat itse raken-
tavat tarvittavan teoriaosaamisensa. Meidän mielenmallimme oppimi-
sesta ovat valitettavan usein auktoriteettikeskeisiä. Oletetaan että koke-
neempi asiantuntija voi antaa tiedon oppijalle.

Erityisesti tiimivalmennusprosessin alussa voi oppija kokea teoreettisen tiedon ohueksi. Meillä on valmennusprosessiin liittyen yli 500 erilaista teoriaa kalvoilla. En halua luoda tiimivalmentajakeskeistä oppimisprosessia. En pidä henkilökohtaisesti kalvosulkeisista. On olemassa myös hyviä kalvoesityksiä, joissa esitys perustuu tarinaan ja esittäjän suureen karismaan. Paras kuulemani tarinankertoja on Esa Saarinen. Hänen filosofin karismansa, kokemuksensa ja tietämyksensä luovat esitykselle innostavan kaaren.

Tiimivalmennuksen ideana on sokraattisuus. Viisaus on jokaisessa ihmisessä itsessään. Oppimisen syötteeksi tuon teoriatiedon esille seinälle kiinnitettävillä fläpeillä. Viittaan niihin omissa puheissani tai annan joskus tietoiskun jostain teemasta, jota ajattelen oppijoiden tarvitsevan. Jokaisen oppijan tulisi valmistautua lukemalla tiimioppimisen jaksoihin. Valmistautuminen ja lukeneisuus tuo oppimisen virran tiimioppimiseen. Johannes Partanen on pisteyttänyt kirjat yhden, kahden tai kolmen pisteen kirjoiksi niiden vaikeuden ja vaikuttavuuden mukaisesta. Jokaisen tulisi lukea 40 kirjapistettä Tiimimestari-valmennuksen aikana. Tämä tarkoittaa 20-30 kirjaa eli kaksi kirjaa kuukaudessa. Oppijan tuodessa esille teoriatiedon puutteen valmennusprosessin aikana, kysyn, mistä hän kaipaa teoriaa, miten hän on valmistautunut ja miten häntä voisin auttaa. Tämä lisäksi Tiimimestari-osallistujien tulee kerätä 40 tekopistettä oman tekemisen kehittämisestä ja 20 yhteisöllisyyspistettä osallistumisesta erilaisiin kohtaamisiin.

Tiimivalmennus perustuu dialogiin, jota käydään isossa oppimistiimissä ja pienemmissä projektitiimeissä. Tietoteorian mukaan projektitiimi kiteyttää dialogissa omat ajatuksensa kokeilusuunnitelmaksi, eli "synnyttää" ajatukset itsestään ja oppii tätä kautta. Tästä tulee tiimioppimisen termi synnytys, joka on oman luetun teorian ja uuden tiedon mallinnus ja suunnitelma käytännön kokeilusta. Haluamme, että synnytykset ovat elämyksellisiä eli opettavaisia, viihdyttäviä, esteettisiä, eskapistisia ja tiimioppimisen hengen mukaisia. Tämä mukailee erinomaisen Pine ja Gilmore (1999) kirjan Experience Economics:n viitekehystä. Tiimioppiminen vaikuttaa myös syvästi oppijoihin ja heistä tulee prosessioppimisen myötä hyviä ystäviä keskenään. Tiimimestari-valmennnuksen, Tiimiakatemian ja Proakatemian käyneitä pidetään lähes omana uskontokuntanaan.

Muistan elävästi keskustelun erään johtajan kanssa, joka totesi ärsyyntyneensä alaisiinsa aina Tiimimestari-jakson jälkeisenä maanantaina. He olivat kuulemma "yli-innokkaita ja liian täynnä kaikenlaisia ideoita". Myönnän itsekin ensimmäisellä kerralla olleeni todella hämmentynyt osallistuessani Tiimimestareihin, tai käydessäni Tiimiakatemiassa, ja erityisesti osallistuessani synnytykseen. Hauskuutta ja nauramista ei vieläkään välttämättä hyväksytä jokaisessa työyhteisössä. "Leikkimielisyys ja outous"-luokan turhautuneet oppijat ovat yleensä johtavassa asemassa, syviä asiantuntijoita tai eri tavalla oppimiseen suhtautuvia. Tämän "leikkimielisyys ja outous"-kategorian oppijan negatiiviselle kritiikille voi vain nyökytellä. Jos alan puolustelemaan toimintaamme, tilanne menee vain pahemmaksi. Oppija joko omaksuu oppimisen ilon ja hauskuuden, tai pitäytyy omassa tyylissään. Oikeasti asiantuntijamyytti on murtumassa. Tieto on kaikkien saatavilla, ja jokaisesta voi tulla lähes minkä tahansa alan huippuasiantuntija.

Ihmisen oppimisen hitaus on hämmästyttävää. "Hyödyllisyyden hitaus" -kategoriasta turhautuneet oppijat haluavat nopeasti tuloksia.

Tähän liittyen minulle tulee mieleen Alf Rehnin (2018) kertomus Johtajuuden ristiriidat kirjasta. Häntä oli pyydetty tutkimaan ison yhtiön hyvänä pidettyä ja huonona pidettyä johtajaa. Hänen havaintonsa hyvänä pidetystä, innokkaasta ja oppimishaluisesta johtajasta oli häkellyttävä. Tämä nuorehko johtaja kävi jonkun lyhyen kurssin tai luennon ja oli innoissaan siitä muutaman kuukauden. Tämä tietysti teki esimiehiin suuren vaikutuksen. Kurssilla opitut ja käyttöön otetut johtajuuden muotivirtaukset uusine johtamistyyleineen ja -temppuineen aiheuttivat sen, että hänen osastonsa oli aina sekaisin ja henkilökunta odotti kauhulla uusia "virtauksia". Johdon huonona pitämä johtaja oli taas oman osastonsa mukaan ennalta arvattava, hieman huonotuulinen mutta oikeudenmukainen johtaja.

Ihmisen mielenmallien muutokset asiantuntijuudessa ja johtajuudessa ovat todella hitaita. Ensinnäkin, jos saan jotain uutta ja innostavaa päähäni, huomaan lähiympäristöni vastustavan kaikkia muutoksia. Toiseksi, minun pitäisi itse muuttaa omaa käytöstäni kokeilun kautta. Se on raskasta. Kolmanneksi, kaiken uuden tekeminen aiheuttaa virheen riskin. Valitettavasti moni työyhteisö pyrkii välttämään virheitä, moitteeton oleskelu tuottaa varmempaa toimintaa. "Hyödyllisyyden hitaus"-kategorian oppijan tuskaa auttaa syvällinen keskustelu ja ehkä kysymys: mitä haluat elämältä ja mitä oikeasti haluat oppia?

Johtavissa asemissa olevat ovat havahtuneet, että tiimioppiminen ja tiimeissä toimiminen ovat ainoita tapoja kehittää työyhteisöä. Tämä voi tulla shokkina työyhteisön jäsenille, joiden annetaan ymmärtää, että heidän olisi hyvä oppia tiimityöskentelyä ja tiimioppimista. Kun tällainen "pakotettu mukaan"-kategorian oppija saapuu Tiimimestareihin tai muuhun valmennukseen, on tiimivalmentajan osaaminen koetuksella. Yleensä tällainen henkilö on valmistautunut teflonisella asenteella eli "minuun ei mikään ylimääräinen tartu". Hän on yllättynyt, että valmennuksen aikana ei pystykään tekemään töitä kuten normaalisti koulutuksien aikana. Usein hän on mielestään lähes jo täysin valmis, joten hänen ei tarvitse muuttua. Tämän tyyppiseen henkilöön innostava projektitiimi on ratkaisu. Sen kokoonpano on tärkeää valmennuksessa. Pienessä tiimissä ei voi paeta itseään ja omaa tarvettaan kehittyä. Toinen mahdollisuus saada hänet mukaan oppimisen prosessiin on syvällinen kahdenkeskinen dialogi. Tässä keskustelussa teemana on, miten oppija haluaa edetä työyhteisössä ja mitkä ovat hänen henkilökohtaiset oppimisen arvonsa.

Sitoutumaton hengailija -kategorian tiimiläinen on iso kysymysmerkki tiimissä. Yleensä hän ei itse turhaudu, vaan tiimi ja tiimivalmentaja turhautuu häneen. Tämän tyyppinen henkilö on eksynyt jollain sattumuksella tiimiin ja tiimioppimisen pariin. Hän ei tunnu sitoutuvan millään tavalla prosessiin, ja hänellä on oma agendanda. Harmittoman ulkokuoren alla on yleensä vahva sydän, joka etsii omaa suuntaansa. Kunhan tämä ihminen löytää oman suuntansa, häntä ei pysäytä mikään. Minun tiimeissäni on ollut kauneuskilpailujen voittaja, globaali maailmankansalainen, sinnikäs myyntitykki, innostunut taitelija ja maailmaa parantava yrittäjä. Oppimissopimuksen kunnollinen tekeminen ja sen avoin käsittely tiimissä auttaa löytämään oman suunnan. Jos henkilökohtainen agenda ja tiimin agenda sattuvat kohtaamaan, hän on erittäin arvokas voimavara tiimille. Tiimivalmentajan pitää olla tarkkana, ettei esiintymään tottunut ihminen niele koko ilmatilaa omilla asioillaan ja draamallaan.

Koko tiimin tai tiimivalmentajan vinksahtanut mielenmalli

Joskus tiimivalmentaja joutuu täysin absurdiin tilanteeseen. Niin voi käydä erityisesti aivan tiimistymisprosessin alussa tai vahvan identiteetin tiimissä. Tiimille voi tulla mieleen sellainen ajatus tai suunnitelma, mikä ei olisi tullut tiimivalmentajan tai valmentavan johtajan mieleen olleenkaan.

Aina pitää muistaa se mahdollisuus, että tiimi on täysin oikeassa, ja itse olen ollut täysin hakoteillä.

Jos suunnitelma liittyy asiakashankintaan tai asiakkuuksiin, minusta ainoa keino on kannustaa tiimiä kokeilemaan ajatusta asiakkaan kanssa. Muutenkin kokeilut ajavat tiimin toimintaan ja testaavat idean toimivuuden. Joskus kokeilu voi johdattaa tiimin hakoteille. Muistan kun kirjoitin Kaverijohtamisen visuaalista innostuskirjaa ja yksi oma tiimini innostui siitä niin paljon, että päätti olla ilman johtamista ja johtajaa jonkin aikaa. Minulla muuttui tehtävät ja jouduin siirtämään tiimin toiselle tiimivalmentajalle. Se oli sen tiimin pelastus, sillä uusi tiimivalmentaja sai rakennettua tälle tiimille johtamisjärjestelmän uudestaan.

Prosessin alkuvaiheessa koko tiimi voi olla niin suuren hämmennyksen vallassa, että hyökkää tiimivalmentajaa vasten kyseenalaistaen kaiken. Aivan kaiken. Tiimissä voi olla joku vahva henkilö, jonka mielenmalliin tiimioppiminen ei sovi, ja hän on saanut tiimin mukaansa. Tai olen itse tehnyt vakavan virheen prosessissa. Tällöin on tärkeä kuunnella tarkasti, mitä tiimillä on sanottavana. Todella tarkasti. Tiimioppimisessa yön yli valmennukset ovat tärkeitä, koska silloin epäformaali oppiminen pääsee vauhtiin. Tarkoituksella teemme pitkiä päiviä. Muistan yhden kerran, kun koko kahdenkymmen viiden oppijan tiimi esitti iltasella, että nyt riittää. He kysyivät lähes vihaisina: "Mikä on teidän tiimivalmentajien tarkoitus, kun me joudumme itse tekemään kaiken?" Omasta mielestäni olin onnistunut todella hyvin, kun koko työyhteisö alkoi ottaa vastuuta omasta tekemisestään. Heitä piti kuunnella, myönnytellä ja luvata lisää rakennetta ja tietoa seuraavaan päivään. Tiimivalmentajan tulee luoda riittävästi rakenteita, joissa tiimi tuntee olonsa turvalliseksi. Olin epäonnistunut tässä.

Eräässä toisessa valmennuksessa oli työyhteisön johtaja, joka jokaisen dialogiaiheen päätteeksi teki itse yhteenvedon ja esitti jatkotoimet. Tiimivalmentajakumppanini huomautti tästä hyvin elegantisti, mutta sillä seurauksella, että työyhteisön johtaja ilmoitti lähtevänsä heti kotiin.

Saimme rauhoiteltua häntä. Hän lupasi jäädä vielä yöksi. Keskustelimme illalla saunassa ja hän lupasi jäädä jo koko valmennuksen ajaksi. Haasteena tässä työyhteisössä oli hierarkkinen johtamismalli. Haasteista huolimatta johtaja päätti kuitenkin jatkaa omaa kehittymistään ja lähti Tiimimestari-valmennukseen ja haastaen itsensä toden teolla. Sen jälkeen hierarkkisuus on vaihtunut dialogisuudeksi hänen työyhteisössään. Tämä prosessi on kestänyt noin viisi vuotta. Nyt hänen yksikkönsä saa parhaat työyhteisö- ja johtamispalautteet koko konsernissa.

Kokeneessa ja vahvan identiteetin tiimissä voi olla vahvoja persoonia, jotka taistelevat toistensa kanssa. Heidän persoonansa ei yksinkertaisesti istu yhteen. Tässä tilanteessa tiimivalmentajan pitäisi saada nämä henkilöt keskustelemaan keskenään aidosti.

Eräässä oppimistiimissä oli vahva yrittäjäpersoona, jolla oli tiukka visio omasta kehittymisestään. Hän oli tyypillinen luova yrittäjä, joka toimi kutakuinkin sääntöjen mukaan. Hänen panoksensa oli niin vahva, että peräti puolet koko tiimin tuloksesta oli hänen ansiotaan. Tiimissä oli myös yksi hyvin tarkka periaatteiden mukaan toimiva henkilö, jolle tiimi oli kaikki kaikessa. Kaikki piti tehdä tiimin eteen. Nämä ihmiset eivät tulleet toimeen laisinkaan. Yritin tiimivalmentajana sovitella, mutta tiimi päätti erottaa tämän luovan yrittäjän tiimistä. Minua vieläkin harmittaa tämä tiimin päätös, sillä minusta se oli väärin. Hän on kyllä pärjännyt erinomaisesti omalla urallaan, mutta tutkinnon suorittaminen jäi kesken.

Erikoistilanteet tiimissä

Jos tiimin dialogi tai toiminta rikkoo tiimivalmentajan arvomaailmaa vastaan tai tiimin turvallisuus on uhattuna, reagoin välittömästi. Erikoiset tiimipersoonat voivat olla suuri haaste. Kerran valmennuksessamme oli henkilö, joka oli tehnyt oikeuden mukaan vakavan rikoksen ja oli ollut vankilassa tämän takia. Hänen taustaansa ei ollut kerrottu muille tiimiläisille ja valmentajille yksityisyyden suojaan vedoten. Koska tiimioppimisen yhteisö on tiivis, joku sai selville hänen todellisen taustansa. Tämä puhkaisi kriisin luottamusyhteisössä. Hän pystyi kuitenkin omalla toiminnallaan rakentamaan riittävästi luottamusta, ja kriisistä selvittiin. Itse luotan Suomen oikeusjärjestelmään. Ihmisille pitää antaa uusi mahdollisuus. Jälkikäteen ajatellen tilanteessa olisi ehkä voinut toimia toisinkin. Tietosuojalausekkeet, erityisesti tämä uusi GPDR (General Data Protection Regulation, EU 2016/679) suojaavat yksityisen henkilön tietoja hyvinkin tarkasti. Kukin päättää itse, mitä tietoja kertoo ja miten hänen tietojaan käytetään. Tiimivalmentajan on huomioitava tietosuoja aina omassa valmennuksessaan. Luottamuksen kasvaessa oppijat kertovat luottamusyhteisössä hyvin henkilökohtaisia asioita, joten minulla on tapana mainita luottamuksellisuus ja GPDR aina valmennuksen aloituksessa. Tietoasioiden suhteen minulla ei ole koskaan ollut haasteita.

Petokset tiimeissä ovat erittäin harvinaisia. Muutaman kerran olen kuullut sellaisesta tiimioppimisen piirissä. Ensimmäisessä tapauksessa henkilö kavalsi osan tiimin rahoista. Toisessa tapauksessa kesäprojekti oli taloudellinen katastrofi, eikä sitä uskalettu kertoa muulle tiimille. Aina kun projektissa on mukana tiimin ulkopuolisia henkilöitä merkittävissä rooleissa, pitää tiimivalmentajan hälytyskellojen soida. Tässä tapauksessa kävi näin. Kolmannessa tapauksessa projekti vain kasvoi liian nopeasti ja kannattamattomasti, eivätkä Tiimiakatemian ulkopuoliset projektin jäsenet hoitaneet osaansa kuluista. Projekti ajautui konkurssiin. Tiimioppijat maksoivat oppirahoina lähes 100 000 euron velat ja jatkoivat opintojaan. Ainakin kaksi heistä on nykyään erittäin menestyviä yrittäjiä. Sellaista rohkeutta ja tekemistä voin vain ihailla. Taas lisää yksi syy siihen, miksi uskon äärimmäiseen avoimuuteen. Avoimmuus ja mittaaminen talousasioissa rakentavat luottamusta. Toinen tärkeä oppi tiimivalmentajalle on, että tiimi itse kantaa taloudellisen vastuun omista teoistaan. Valmentava johtaja on taas itse mukana liiketoiminnoissa ja mukana kantamassa myös vastuuta.

Joskus suora puhe voi kulminoitua todelliseksi riidaksi tiimissä. Tiimivalmentaja joutuu erotuomarin rooliin. Nyt on tärkeä muistaa pelin säännöt eli tiimisopimus ja tiimin pelisäännöt. Jos niistä ei ole sovittu, niin nyt on korkea aika tehdä se.

Huomattavasti helpompaa olisi tehdä ne ennen tulehtunutta tilannetta. Oppi: valmenna tiimi tekemään tiimisopimus ja tiimin pelisäännöt heti toiminnan alussa. Erittäin tärkeää tiimivalmentajalle on olla valitsematta puolta riidassa, sillä silloin hän menettää toimintamahdollisuutensa ja tiimi voi hajota kahtia. Tulehtuneen tilanteen sovitteleminen vie aikaa ja tarvitaan kärsivällisyyttä. Siinä tulee noudatetaan dialogin sääntöjä: suoraa puhetta, kunnioitusta, kuuntelua ja odotusta.

En itse usko temppuvalikoimaan, mutta yksi keino aloittaa rehellinen dialogi on laittaa riidan osapuolet akvaariodialogiin. Siinä varsinaisen dialogiympyrän keskellä on muutama tuoli ja vain niissä saa puhua. Itse olen toiminut niin, että olen laittanut keskelle kolme tuolia: yksi ensimmäiselle riitapukarille, toinen toiselle ja kolmas minulle. Avaan heidän välisensä dialogin ja seuraan sitä pienen hetken. Tämän jälkeen siirryn itse ulkokehälle dialogiympyrään ja jätän oman tuolini vapaaksi. Siihen voi istuutua kuka tahansa tiimistä, jolla on asiaa. Mutta vain keskellä olevat voivat puhua. Kun akvaariossa puhuvat ovat sanoneet sanottavansa, muodostetaan iso dialogirinki. Avoimilla kysymyksillä, kuten miten tästä eteenpäin, mistä on kyse tai mitä mieltä olet, voi tiimivalmentaja avata dialogin. Hänelle passiivinen ja tarkkaileva rooli lienee oikea lähestymistapa. Tiimin pitää itse oppia ratkaisemaan omat ongelmansa.

Kun tiimistä muodostuu luottamusyhteisö, aletaan helposti jakaa myös erittäin kipeitä omakohtaisia kokemuksia menneisyydestä tai nykyisyydestä. Tämä on erikoistilanne, jossa tiimivalmentajan tulee olla tarkkana.

Tiimivalmentajan seitsemännen lain eli puutumisen lain mukaan tiimivalmentajan tulee ymmärtää, halata ja kannustaa. Olen itse ollut vaativissa tilanteissa, muun muassa: oppijalle on tullut avioero, läheinen ihminen on ollut kuolemaisillaan tai kuollut valmennuksen aikana, joku oppija on irtisanottu, oppijalla on ollut erittäin vakava sairaus, alkoholismi, hän ilmoittaa saavansa lapsen (voi olla kipeä tilanne jollekin toiselle) tai menevänsä naimisiin. Olen toiminut niin, että halaan ihmistä ja kysyn: "Haluatko jatkaa dialogissa?" Yleensä vastaus on myöntävä. Tuskan tai ilon hetkellä ihminen haluaa olla toisten kanssa. Tilanteen vatvomista dialogissa ei pidä sallia. Tiimioppiminen ei ole terapiaa. Sitä varten on eri asiantuntijat. Tähän olen itse vedonnut, jos kipeän asian pohtiminen tuntuu jatkuvan. Muistan yhden tiimivalmentajakollegalle sattuneen tapauksen, jossa lähdetiin oppimissopimuksen purkamisen yhteydessä puimaan tiimioppijoiden kipeitä menneisyyden asioita. Yht'äkkiä koko tiimillä oli vain kipeitä asioita, joita terapioitiin dialogissa. On muistettava, että dialogia käytetään myös hoitomuotona, kuten alkoholistien Minnesota-hoidossa, mutta terapeutti on hoitoalan ammattilainen ja tiimivalmentaja oppimisen.

Synkkyyden torjunta

Tiimivalmentajan laki numeroltaan viisi on erittäin tärkeä. Olet enemmän kuin tuttava, mutta vähemmän kuin ystävä. Tämä mahdollistaa tiimivalmentajan oman riippumattoman ajattelun tiimistä. Hänen tulee kyetä olemaan lähellä tiimiä, mutta välillä katsomaan tiimiä ja tiimiläisiä myös kauempaa. Jim Collins kuvaa jossain kirjassaan juuti tätä valmentavan johtajan tarvetta tarkastella tiimiä välillä lähempää, välillä kauempaa ja eri näkökulmasta (zoom in, zoom out). Vaikka J.T. Bergquistin kaavan mukaan tiimityön tulisi olla kertolaskua, jossain tapauksissa tiimityö vaikuttaa olevan yhteenlaskua $1 + 1 = 1$ tai $\frac{1}{2}$, tai jotain sinnepäin.

Erityisesti tiimin alkutaipaleella tiimi on sen verran hukassa, että tiimivalmentajan tulee olla tarvittaessa myös tiimiliiderin asemassa. Tiimivalmentaja luo oppimiskulttuuria. Tiimien kehittymisen kannalta hänen on helpompi olla alussa tiukkana ja löysätä oppimiskuria myöhemmin. Tämä on itselleni hankala paikka. Tiimiakatemian perustaja Johannes Partanen osaa tämän mainiosti. Ihailen miten hän pystyy luomaa lukemisen kulttuurin omaan tiiminsä. Hän osaa tarvittaessa todella herättää tiimin. Asettuminen tiimin ulkopuolelle eli "zoom out" on erinomaisen tärkeä ja hyödyllinen taito tiimivalmentajalle. On hyvä, jos pystyy sanomaan tiimille: "Ei hätää, tätä on sattunut ennenkin, kyllä te tästä nousette." Tämän sanomisen jälkeen tiimivalmentajan todellinen kyvykkyys mitataan. On selvitettävä mistä syystä tiimi on jumittunut ja miten pystyy valmentamaan tiimiä eteenpäin ja ottamaan seuraavan askeleen?

Tiimin tavoitteen asettamisessa pitää olla tarkkana: "Sun pitää varoo, mitä sää haluut, kun sä saat sen", toteaa Andy McCoy. Tavoitteita voi olla erilaisia: 1) sellaisia, jotka ovat välttämättömiä tiimin ja työyhteisön henkiin jäämiselle ja 2) sellaisia, jotka eivät ole välttämättömiä, mutta hienoja saavuttaa. Itse tosin uskon, että yksi selkeä tavoite on parempi kuin viisi utuista. Tavoitteiden tulee nousee tiimistä ja niiden on oltava innostavia. The 10 X Rule-kirjassa (Cardone 2011) pohditaan aiheellisesti tavoitteen asettamista tarpeeksi korkealle. Grant Cardonen (2011) mukaan samalla vaivalla voi saavuttaa kymmenen kertaa suuremman tavoitteen. Tiimin ja sen ydinpelaajien terve itseluottamus ratkaisee. Olen havainnut, että pääkaupunkiseutujen, kuten Helsingin tai Tokion, korkeakoulujen opiskelijoilla tai asukkailla tuntuu olevan hieman korkeampi rohkeustaso kuin muilla. Siellä on "maailmankansalaishenkeä". Nykyaikana oman toiminnan levittäminen voi olla todella nopeaa globaalisti, mutta se vaatii näkemystä tai rohkeutta.

Tiimin silmien avaaminen mahdollisuuksille ei välttämättä onnistu pelkästään tiimivalmentajan omin voimin. Vierailu työyhteisön unelmapaikassa tai jämerä asiantuntijavierailija voi saada tiimin syttymään.

Muistan hyvin opiskeluaikaisen opintomatkani Japaniin. Tokio oli niin erilainen ja kiehtova, että halusin sinne töihin. Sitä ennen minun piti oppia hoitamaan asioita englanniksi ja perehtyä Japaniin. Tein diplomityöni Japaniin liittyen ja sain sieltä ensimmäisen työpaikkani. Näkemyksellinen kirja voi tarjoa myös mainion inspiroitumisen lähteen.

Virheiden ja epäonnistumisten määrä on mielestäni tärkeä mittari kuvaamaan tiimin tavoitteiden haasteellisuutta. Jos tiimi ei tee virheitä, on tavoite liian itsestään selvä ja helppo. Jos tiimi tekee koko ajani virheitä, on tavoite liian haasteellinen. Virheiden sopivan tasoinen sietäminen ja ennen kaikkea niiden avoin käsittely ovat mielestäni keskeisiä tiimin kehittymiselle. Johtajan tulee näyttää tässä esimerkkiä ja kertoa avoimesti omista virheistään. Kokeilukultturi on voimissaan silloin, kun sovitaan etukäteen, miten virheitä käsitellään ja miten niistä oppitaan. Jim Collins (2011) neuvoo viisaasti kirjassaan Great by Choice, että ammu ensin luodikolla ja sitten vasta kanuunalla.

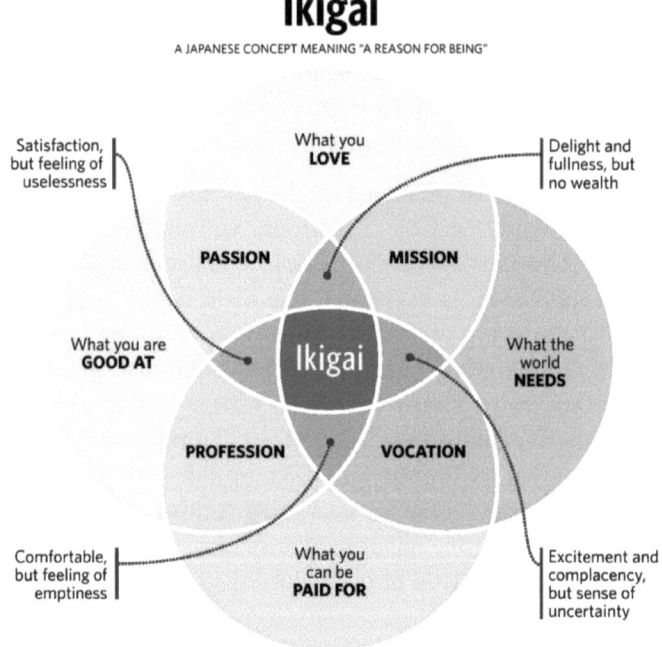

Kuva 22. Ikigai konsepti.

Kokeilun pitäminen tarpeeksi pienenä, asiakaslähtöisenä, mitattavana ja oppimista tuottavana muodostaa kokeilun kehän, jonka Eric Ries (2011) on kuvannut kirjassaan The Lean Startup. Hänen terminsä "validated learning" eli punnittu oppiminen on nerokas. Työyhteisön pitää itse selvittää oppimisen paikat kokeilujen avulla. Tiimivalmentaja voi myös saada tiimin oivaltamaan, missä ne ovat. Tiimin pitäisi pystyä kehittämään vahvuuksiaan ja tulla parhaaksi valitsemallaan alueella, ja riittävän hyväksi niillä alueilla, jotka pitää vain hoitaa. Jotkut näistä alueista voidaan myös ulkoistaa, kuten esimerkiksi kirjapito, ohjelmointi, markkinointi tai myynti. Jim Collinsin siilikonsepti (2001) on hyvä työkalu tämä oman ydinalueen selvittämiseksi. Konsepti toimii siten, että vastataan seuraaviin kysymyksiin: 1) Missä voimme olla parhaita, 2) Mikä innostaa meitä ja 3) Mikä tuo meille ansaintaa?

Vanha japanilainen Ikigai-konsepti on hieman monimuotoisempi, siihen on lisättynä neljäntenä, mitä maailma tarvitsee. Tämä konsepti takaa kuulemma ikuisen onnellisuuden. Ikigai voi tarjota yhden hyvän lähestymistavan tiimin onnellisuuden etsimiseksi.

Monet muut seikat tiimisopimuksessa ja tiimin pelisäännöissä liittyvät tiimiläisten vuorovaikutukseen. Tämän takia tiimivalmentajan tai valmentajan johtajan kiertely, kävely, katselu, kuuntelu ja kysely ovat äärimmäisen tärkeitä. Englantilaisen jalkapallovalmentajan Axel Axel Fergussonin (2015) keskeinen valmennnusmenetelmä on katseleminen. Työyhteisöissä tiimiläisten ja oppijoiden työskentelyn katseleminen ja tarkkailu ovat lisäävät tiimivalmentajan tietämystä tiimistä. Pienissä tiimeissä ja sattumalta kohdattaessa tapaamiset ovat aitoja, dialogisia ja suoraan tiimiläisten ja oppijoiden tarpeita palvelevia. Tiimivalmentajan on myös syytä olla tavattavissa helposti, silloin tiimiläinen saa tukea juuri silloin kun on tarpeen.

10. Oma luonne peliin

Jokainen tiimivalmentaja ja valmennus on erilainen

Olemme nostaneet tiimivalmentajan tärkeimmäksi piirteeksi hänen karaktäärinsä eli luonteenpiirteet ja niihin liittyvät vahvuudet. Tätä voi kutsua jokaisen henkilökohtaiseksi supervoimaksi. Tämän takia jokaisen tiimivalmentajan ja valmentavan johtajan tulee tuntea itsensä ja toimia omien vahvuuksiensa kautta. Timo Lehtosen itsellensä kehittämä vahvuus eli hiekottaminen kirkastaa mielestäni mainiosti hänen tiimivalmentajan karaktääriään. Hän ikertoo, että hiekottamisella hän haluaa varmistaa tiimin jalkojen pitävän liukkaassa toimintakentässä. Timo esittää tiimille poikkeavia näkökantoja, tiukkoja kysymyksiä, kiteyttäviä visualisointeja, innostavaa hörhöyttä ja välittävää läsnäoloa. Tiimivalmentajana tai valmentavana johtajana pääsee laittamaan oman sielunsa peliin, vaikka sitä ei aina valmennushetkellä ehdi pohtia. Silloin pitää toimia vaistojen varassa. Tästä syystä oman tiimivalmentajuuden ja valmentavan johtajuuden periaatteita pitäisi pohtiminen säännöllisesti. Niiden kirjaaminen ylös on erittäin tärkeää.

Valmentavan johtajan ja tiimivalmentajan tulee toimia 80 prosenttisesti valmentavalla otteella. Yhtä tärkeää on toimia 20 prosenttisesti ohjaavalla otteella. Erityisen tiukkana tiimivalmentajan tulee olla tiimirakenteen luomisessa, joka syntyy seuraavista palikoista. Pitää olla:

1. Koko yhteisön jaettu visio, rakenne ja toimintakulttuuri.
2. Toimintakykyiset oppimistiimit (maksimissaan noin 25 henkeä) ja projektitiimit.
3. Käytössä yhteisöllinen oppiminen eli tiimioppiminen eli dialogi ja tekemällä oppiminen.

Me emme halua, että kukaan tiimivalmentaja toimii yksin. Siksi toimimme pareittain. Jokaisen valmennuksen voimme suunnitella etukäteen yhdessä valmentajaparina.

Teemme käsikirjoituksen valmennukseen. Meillä on mielenmalli, miten valmennus- tai dialogisessio voisi mennä meidän mielestämme ja muutamia eri vaihtoehtoisia skenaariota. Kun kyseessä on oppijoista lähtöisin oleva valmennus, meidän pitää olla herkkänä muuttamaan käsikirjoitusta tarvittaessa. Siinä auttaa se, että voimme rakentamalla valmennuksen lilla tränäreiden eli projektitiimin valmentajien kanssa yhdessä. Roolittaminen valmennuksen aikana on tärkeää. Kun toinen valmentaja puhuu, toinen kuuntelee, havainnoi, tekee muistiinpanoja ja pohti valmennuksen suuntaa. Hyvässä parivalmennuksessa roolit vaihtuvat luonnollisesti ja tiimivalmentajapari rytmittää toinen toisiansa luontevasti. Olen joskus joutunut valmentajapari sairastumisen vuoksi

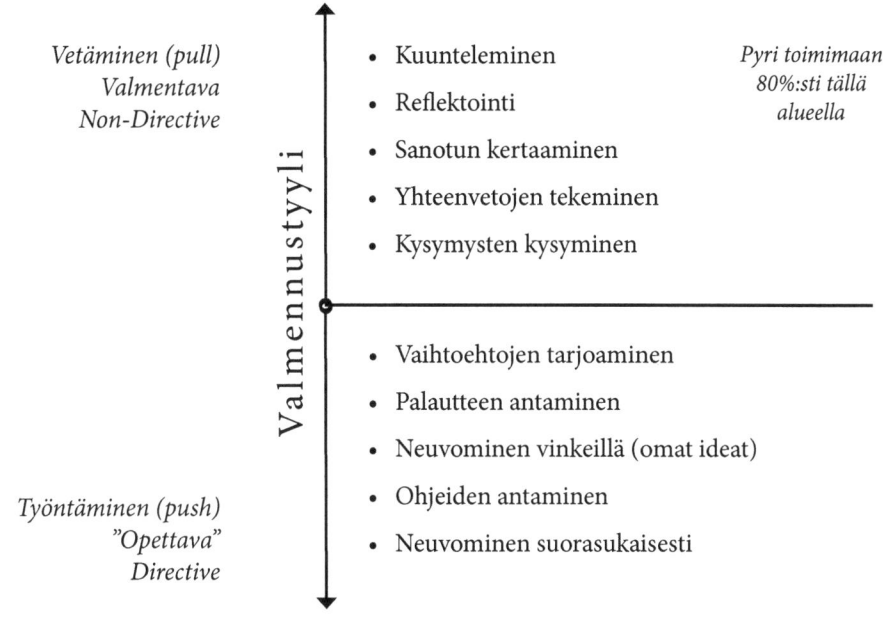

Kuva 23. Oman luonteen esille tuonnissa keskiössä on valmentava ote.

toimimaan itsekseni. Valmennuksen jälkeen olin on aivan uupunut, sillä valmentaja-kollega tuo ajattelun avaruutta, luottamusta omaan karaktääriin ja takaa paremman lop-putuloksen. Valmentajaparin vaihtaminen vaatii tiimivalmentajalta jatkuvaa oppimista. Uuden parin kanssa synkronisen rytmin löytäminen vaatii avointa dialogia kumman-kin vahvuusalueista, intohimoista ja ennen kaikkea karaktääristä. Muistan muutaman kerran, kun valmennukseen valmistautuminen ja käsikirjoituksen laatiminen vaativat järisyttävän pitkän dialogin. Olin valmis menemään eteenpäin, mutta valmentajakollega vaati kehittämään vaihtoehtoja, ideoita ja roolitusta. Jälkeenpäin havaitsin, että hän oli oikeassa. Minun oma vahvuuteni ja haasteeni on nopeus. Valmistautumiseni voisi olla parempi moneen tilaisuuteen. Voin kuvitella, mitä haasteita oma nopea intuitiivinen toimintatapani aiheuttaa valmentajakollegalleni. En nimittäin aina ole osannut pysyä käsikirjoituksessa, vaan saatuani jonkin hyvän idean, olen toteuttaa sen heti. Olen ehkä nykyään oppinut viestimään tämän paremmin.

Olen ollut hankalissa valmennus- ja johtamispaikoissa. Silloin kokeneen ja toinen toisiaan täydentävän valmentajaparin kanssa toiminen on taivaallista. Joidenkin kanssa biorytmi osuu hyvin yhteen. Kun hyvä pari löytyy, keskinäistä yhteyttä ja aikaa dialogille kannattaa vaalia. Siksi on syytä kokeilla erilaisia keinoja hyvien parien löytämiseksi. Valmentava johtaja joutuu valitettavasti liian usein toimimaan yksin. Minusta parijohtajuus on tulevaisuuden ja nykyisyyden johtamismuoto. Normaalissa yrityksessä toimitusjohtajan ja hallituksen puheenjohtajan tulisi muodostaa toisiaan täydentävä johtamispari, jolla on selkeät roolit ja toisiansa täydentävät ominaisuudet. Luovilla aloilla, kuten teatterissa, valitaan joskus teatterijohtajapari. Toinen huolehtii juoksevista asioista, kuten taloudesta, markkinoinnista, hallinnosta ja yhteiskuntasuhteista. Toinen luo uusia produktioita, valitsee ohjaajia, ohjaa itsekin menossa olevia näytelmiä, valitsee uusia nousevia tähtiä näyttelijäkaartiin ja kehittää taiteellista linjaa. Parijohtajuus on minusta aivan liian vähän käytetty johtamismuoto. Tässä on yksi uuden johtajuuden oivalluksia. Näin johtamista voidaan uudistaa oikeasti.

Parijohtajuuden ja -valmentajuuden keskeisiä etuja ovat toinen toisiaan täydentävät ominaisuudet, johtajuuden monipuolistaminen ja toiminnan reflektointi. Tiimivalmentaja ja valmentava johtaja toimivat hetkessä. Silloin kun puhun, eli teen tiimin johtamis- tai valmentamistekoja, en mitenkään pysty tarkkailemaan tiimin reaktioita tai omaa toimintaani. Kun saan heti palautteen, voin pohtia toisen kanssa toimintaani ja tehdä kehitystoimet ja korjausliikkeet välittömästi. Meissä kaikissa on monta puolta. Kiinalaisen ajattelun mukaan kaksi vastakkaista voimaa, jin & jang, naisellinen ja miehinen, passiivinen ja aktiivinen, hallitsevat meitä. Toisiaan täydentävät parijohtajat toimivat tämän kiinalaisen vanhan filosofian mukaisesti.

Tilat, kotipesät ja kohtaamispisteet

Tiimivalmentajan ja valmentavan johtaja antavat tiimille mahdollisuuden rakentaa itselleen tavoitteiden mukaisen tilan, kotipesä ja kohtaamispisteet. Nyt kun etätyö on uusi normaali, kohtaamispisteet ovat erittäin tärkeitä.

Itselläni oli täydellinen etätyöpiste: pienehkö, ikkunallinen huone näkymällä Pyhäjärvelle, kaikki kirjat lähettyvillä ja riittävästi seinäpinta-alaa valmennusfläpeille. Rakastan etätyötä, sillä se sallii minulle autonomian. Voin kehkeyttää henkilökohtaisen mestaruuden ja saan etänä vapauttavan yhteisöllisyyden ilman avotyötilassa tapahtuvaa jatkuvaa keskeyttämistä. Meille Tiimiakatemia Globalissa erittäin tärkeitä yhteisöllisyyden luojia ovat meidän jokaviikkoiset maanantaiset dialogiset aamupalaverimme. Silloin sukellamme dialogin ytimeen. Jokainen saa olla oma itsensä. Yhteisöllisyyttä tukevat myös kuukausittain toteutettavat live-kohtaamiset. Asioiden hoitamiseen minulle riittää monesti Zoom-tapaaminen etänä. Muistan erityisen hyvin kuluneen talven aikana, kun asianhoitajan (lue lakimiehen) kanssa pohdimme sopimuksiamme. Kävimme läpi syvällisesti liiketoimintalogiikkamme ja siihen liittyvät sopimukset. Dialogi Zoomin kautta oli syvällistä, nopeaa ja tehokasta. Kohtamispisteiden rytmin tulee olla säännöllinen ja jokaviikkoinen.

Tiimin kotipesän tulee olla rauhallinen, kotoisa ja turvallinen. Tarkoitan kotipesällä fyysistä tai digiaalista päivittäistä kohtaamispaikkaa.

Meillä on fyysiset kotipesät Tampereen ja Jyväskylän Crazy Towneissa. Läsnäolo tiimin kotipesässä tulee olla yhteisöllisyyttä tukevaa. Toimistokuutiot ovat perinteisen eli tayloristisen tietotyön jatkeita. Niiden suurin haitta on jatkuva oman työn keskeyttäminen. Hiljaisen työn tilat ovat toimistoissa erittäin tärkeitä. Minusta jokainen, ihan jokainen tietotyöläinen saa tehdä tietotyötä silloin kun itse haluaa ja missä paikassa tuntee luovuutensa kukoistavansa. Jyväskylän ammattikorkeakoulun Tiimiakatemia sijaitsee vanhassa tehtaassa. Tampereen ammattikorkeakoulun Proakatemia Tammerkosken ääressä. Minusta Tampere on muutenkin Suomen kaunein kaupunki kahden järven välissä, suuren kosken jakamana ja harjun kupeessa. Proakatemia sijaitsee yhdessä Tampereen hienoimmista paikoista, kulttuurihistoriallisen Finlaysonin tehtaan ylimmässä kerroksessa, keskellä asiakkaita. Ei ihme, että Proakatemia saavuttaa erinomaisia oppimistuloksia. Minusta oli surullista kuulla, että se joutui muuttamaan TAMK:n kampukselle taloussyistä. Mielestäni oppilaitokset investoivat uusiin kampuksiin ja omiin tiloihin aivan turhaan. Niistä on tullet kiinteistösijoittajia, vaikka niiden pitäisi olla ihmisten voimaannuttavia oppivia yhteisöjä. Minusta oppimisympäristöjen tulisi sijaita keskellä oman alansa asiakkaita: ostoskeskuksissa, sairaaloissa, teollisuuslaitoksissa ja maatiloilla. Samiedu kehitti oman uudenlaisen metsäalan yrittäjyystutkinnon, ”jotta jokainen metsänomistaja voisi tehdä tietoisia valintoja omien tavoitteittensa ja metsänsä parhaaksi.” Lähtökohdaksi otettiin hybridi-toteutus, joka sisältää oppimista etänä tiimeissä ja viisi intensiivileiriä fyysisinä kohtaamisina. Tässä mallissa ei tarvita omia tiloja opettajille eikä oppilaille. Oppimistiimin koko on alle 25 henkcä Näin tiimiläiset oppivat tuntemaan toisensa. Samiedusta on tullet johtava toimija Suomessa metsäalan yrittäjyyden ammattitutkinnossa. Oppiminen on parempaa ja tehokkaampaa. Mallinnus on esitetty kuvassa 25.

Olemme päätyneet pitämään tiimivalmennukset maatilamatkailupaikoissa. Ne tukevat parhaiten meidän valmennusfilosofiaamme. Samassa paikassa voi olla kaksi vuorokautta huoletta. Oppija voi keskittyä itseensä ja tiimin rakentamiseen.

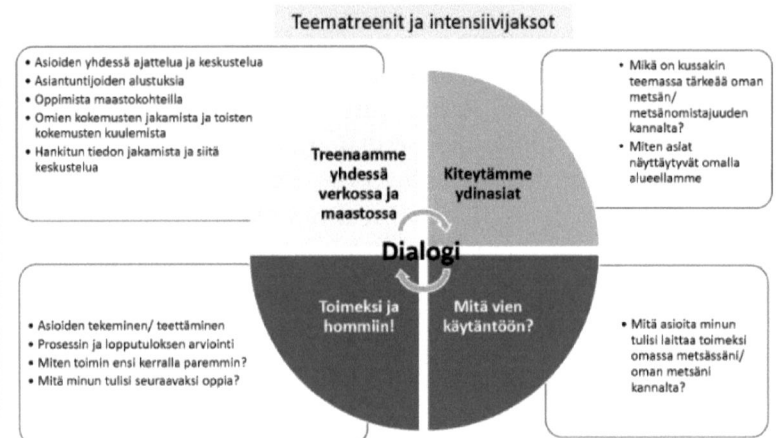

Oppimismallimme

"Jos haluat mennä pitkälle, mene yhdessä."

Teematreenit ja intensiivijaksot

- Asioiden yhdessä ajattelua ja keskustelua
- Asiantuntijoiden alustuksia
- Oppimista maastokohteilla
- Omien kokemusten jakamista ja toisten kokemusten kuulemista
- Hankitun tiedon jakamista ja siitä keskustelua

Treenaamme yhdessä verkossa ja maastossa

Kiteytämme ydinasiat

- Mikä on kussakin teemassa tärkeää oman metsän/ metsänomistajuuden kannalta?
- Miten asiat näyttäytyvät omalla alueellamme

Dialogi

Toimeksi ja hommiin!

Mitä vien käytäntöön?

- Asioiden tekeminen/ teettäminen
- Prosessin ja lopputuloksen arviointi
- Miten toimin ensi kerralla paremmin?
- Mitä minun tulisi seuraavaksi oppia?

- Mitä asioita minun tulisi laittaa toimeksi omassa metsässäni/ oman metsäni kannalta?

Suunnitelmat käytäntöön omalla tilalla, tekeminen

Hiljainen tieto

Dokumentaatio ja tiedon hankkiminen

Näkyvä tieto

Suunnitelmien laatiminen

Kuva 22. Näin meillä opitaan metsätalousyrittäjäksi, Samiedun verkko-toteutus.

Siellä toteutuu parhaiten tietoteorian hiljaisen tiedon virtaaminen tiedostetuksi tiedoksi. Maatilamatkailupaikoissa on monia vahvoja etuja kahden vuorokauden valmennukseen. Hyvässä paikassa on fengsuin mukainen dialogitila, innostavat pienryhmätilat, mainio paikallinen ruoka, intiimi tunnelma, perhemäinen palvelu, monipuoliset ulkoilumahdollisuudet ja hyvä saunamaailma. Hyvässä maatilamatkailupaikassa on kaikki, mitä ihminen tarvitsee. Iso kysymys on, miten voisimme rakentaa niiden henkeä työyhteisöiden toimitilojen sisälle.

Tietoinen läsnäolo – tyhjyys

Hetkessä olemisen taito on työelämän tärkein taito. Ihminen voi olla vain yhdessä paikassa ja yhdessä tehtävässä kerrallaan tietoisesti läsnä. Etäaikana tämä työelämän keskeinen taito on hämärtynyt entisestään. Keskittyminen hetkeen voi olla hyvinkin lyhyt, kunhan sen tekee tietoisesti. Eräällä konsernin pääjohtajalla on kuulemma erinomainen taito olla tietoisesti läsnä lupaamansa aika. Hän saattaa sanoa: " Minulla on kaksi minuuttia aikaa, mitä sinulla on mielessäsi?" Sitten hän oli oikeasti läsnä sovitun ajan oikeasti kuunnellen. Olen lukenut ehkä yhteensä sata kertaa suomeksi ja englanniksi, sekä kuunnellut englanniksi kirjan Miyamoyo Mushashin (1654) Go rin no sho, suomeksi Maa, vesi, tuli, tuuli ja tyhjyys. Aina kirjasta löytyy jotain uutta. Mushashi kuvaa siinä samurai-taistelijan filosofian omasta samurai-taistelijan näkökulmastaan. Miyamoyo Mushashi voitti aikanaan kaikki taistelunsa ja vetäytyi viimeisinä vuosinaan vuorille kirjoittamaan omaa taistelufilosofiaansa. Maa, vesi, tuli, tuuli ja tyhjyys-filosofian tyhjyys-käsite on minusta erittäin viisas. Tyhjyys on korkein johtamisen taso ja samurain ehdoton edellytys menestymiselle miekkataistelussa. Tyhjyys tarkoittaa mielen tyhjentämistä taistelun hetkellä kaikesta turhasta. Samurai ei voi ajatella mitään muuta kuin taistelua, muuten hän kuolee. Johtamisessa ja elämässä jokainen hetki on tärkeä. Miten voisimme työelämässä suhtautua hetkessä elämiseen samalla tavalla? Jos emme ole hetkessä läsnä, voi meidän elämämme tilaisuus mennä ohitsemme?

Valmentavan johtajan ja tiimivalmentajan läsnäolo osoittaa myös sen, että olen sitoutunut ja välitän omasta tiimistä. Jos olen poissa, minulla on jotain muuta tärkeämpää tekemistä kuin olla tiimin kanssa. Se on huono signaali tiimille. Sitoutumista osoitetaan olemalla paikalla ja olemalla hyvin tietoinen yksilöiden ja tiimin asioista. Oma asenne ja mielenmalli kiteytyvät lauseessa: "Mitä tulee sisään huoneeseen, kun tulen sisään?" Vaikka itselläni on joskus kaikenlaista mielessä, hetkeen keskittyminen on tiimivalmentamisen ytimessä. Buddha on kuulemma sanonut, että meillä on vain tämä hetki ja tässä hetkessä meidän kanssamme olevat ihmiset ovat tärkeimpiä.

Lähteitä ja kirjasuosituksia:

Olen merkinnyt kirjan nimen suomeksi, jos on saatavilla suomeksi. * merkityt on saatavilla äänikirjoina suomeksi ja ** merkityt englanniksi.

Allen, David. 2001. Getting Things Done (Kerralla valmista). Penguin Putnam Inc. New York, USA. **

Beverley, Grace. 2021. Working hard – hardly working. Hutchinson. London, UK. **

Brown, Brené. 2020/2018. Rohkaiseva johtaja/Dare to lead. Viisas elämä/Random House. Helsinki, Suomi/New York, USA. */**

Brinkmann, Svend. 2016. Pysy lujana – elämä ilman self-helppiä. Tammi. Helsinki, Suomi. *

Bungay, Michael. 2016. The Coaching Habit: Say Less, Ask More & Change the Way You Lead Forever. Box of Crayons Press. Toronto, Canada. **

Cardone, Grant. 2011. The 10 X Rule. Joy Wiley & Sons. Hoboken, Ney Jersey, USA.**

Coelho. Paul. Santiagon unelmat (1995) ja Alkemisti (2002). WSOY. Helsinki, Suomi.

Collins, Jim & Porras, Jerry. 1994. Built to Last. Harper Business. New York, USA. **

Collins, Jim. 2001. Good to Great (Hyvästä Paras). Harper Business. New York, USA. **

Collins, Jim & Hansen, Morten T. 2011. Great by Choice (Tietoisesti Paras). Harper Business. New York, USA. **

Cunningham, Ian. 1999. The Wisdom of Strategic Learning: The Self Managed Learning Solution. Gower Publishing, Ltd. Aldershot, UK.

Clear, James. 2018. Atomic Habits. Peguin Random House. New York, USA.**

Dalio, Roy. 2017. Princeples: work and life. Simon and Schulter. New York, USA. **

Dawney. Effective Coaching.

Dweck, Carol S. 2006. Mindset: The New Psychology of Success (Menestymisen Pyskologia). Penguin Random House,USA. **

Erikson, Thomas. 2017. Idiootit ympärilläni. Atena Kustannus Oy. */**

Fergusson, Axel with Michel Moritz. Leading. 2015. Hachette Book Group. New York, USA.

de Geus, Arie. 2002. The Living Company. Harvard Business School Review. Boston, USA.

Hamel, Gary. 2007. The Future of Management (Johtamisen Tulevaisuus). Harvard Business Reniew Press. Boston, USA.**

Hess, Edward D. 2014. Learn or Die: Using Science to Build a Leading-Edge Learning Organization. Columbia University Press. New York, USA. **

Holmes, Chet. 2008. The Ultimate Sales Machine. Penguin Publishing Group. United Kindom, London.

Howard, Ron. 1995. Apollo 13, elokuva. Tuotanto Imagine Entertainment. Jakelu Universal Picture. California, USA.

Hämäläinen, Juuso & Sora, Henri. 2020. Strategia arkeen ORK-mallilla. Helsingin seudun kauppakamari. Helsinki, Suomi.

Isaac, William. 1999. Dialogue: The Art Of Thinking Together (Dialogi: yhdessä ajattelun taito). Crown Business. New York, USA.

Jonkman, Linus. 2019. Introvertit – työpaikan hiljainen vallankumous. Ateena Kustannus Oy. Jyväskylä, Suomi.

Kahneman, Daniel. 2011. Thinking, Fast and Slow (Ajattelu nopeasti ja hitaasti. Farrar, Straus and Giroux. New York, USA.**

Kangasvuo, Jenny; Pulkkinen, Jonna & Rauanjoki, Katri. 2018. Kotvimisen vallankumous. Karisto Oy. Talliina, Viro.

Katzenbach, Jon & Smith, Douglas. 1993. Tiimit ja tuloksekas yritys (Wisdom of Teams). Harvard Business Reviw Press. Boston, USA.

Korpi, Rauno & Tanhua, Pertti. 2002. Yhteispeli työelämässä. Ajatuskirjat (Gummerus Oy). Helsinki, Suomi.

Kotter, John. 1996. Muutos vaatii johtajuutta (a Force for Change). Rastor. Helsinki, Suomi.

Kotter, John. 1997. Matsushita Leadership. The Free Press. New York, USA.

Kotter, John & Rathgeber, Holger. 2009. Jäävuoremme sulaa (Our Iceberg is Smelting). Sanoma Pro. Helsinki, Suomi. **

Kouzes, James & Posner, Barry K. 1987. The Leadership Challenge. Wiley & Sons. Ney Jersey.**

Kim, Chan W. & Mauborgne, Renee. 2005. Blue Ocean Strategy (Sininen meri2005). Harvard Business Reniew Press. Boston, USA.

Lehtonen, Timo. 2012. Tiimiyrittäjän arviointipassi. Jyväskylän ammattikorkeakoulu. Jyväskylä, Suomi.

Lehtonen, Timo. 2013. Tiimiakatemia – kuinka kasvaa tiimiyrittäjäsi. Jyväskylän ammattikorkeakoulu. Jyväskylä, Suomi.

Leinonen, Nina, Partanen, Timo (Johannes), Palviainen Petri. 2002. Tiimiakatemia-kirja. PS-kustannus. Jyväskylä, Suomi.

Lencioni, Patrick. 2002 (2019). The Five Dysfunctional of a Team (Viisi toimintahäiriötä tiimissä). Jossey-Bass. Hoboken, New Jersey, USA. **

Lencioni, Patrick. 2016 (2016). The Ideal Team Player (Paras mahdollinen joukkuepelaaja). Jossey-Bass. Hoboken, New Jersey, USA. **

Lombardo, Michael M & Eichinger, Robert W. 1996. The Career Architect Development Planner (1st ed.). Lominger. Minneapolis, USA.

Losada, M., & Herphy, E. (2004). The Role of Positivity and Connectivity in the Performance of Business. The American Behavioral Scientist 47(6), 740-765.

Luthans F. & Youssef C. M. 2004. Human, Social, and Now Positive Psychological Capital Management: Investing in People for Competitive Advantage. Organizational Dynamics 33(2), 143-160.

Lundberg, Tom. 2011. Tuntematon sotilas ja johtamisen taito. Positiivarit. Lahti, Suomil

Martela, Frank & Jarenko, Karoliina. 2017. Itseohjautuvuus – Miten organisoitua tulevaisuudessa. Alma Talent. Helsinki, Suomi.

Maurer, Bob & Hirschman, Leigh Ann. 2012. The Spirit of Kaizen. McGraw Hill. New York, USA.**

McChrystal, Stanley. 2015. Teams of Teams - New Rules of Engagement for a Complex World. Penguin Random House. New York, USA.

De Mello, Anthony. 1994. Kuuletko linnun laulun ja Viisauden välähdyksiä. Kirjapaja. Helsinki, Suomi.

Mintzberg, Henry. 1994. The Rise and Fall of Strategic Planning. Prentice Hall. New York, USA.

Mirvis, Philip; Ayas, Karen & Roth, George. 2003. To Desert and Back. Jossey-Bass. San Fransisco, USA.

Mushashi, Miyamoyo. 1654. Go rin no sho (A Book of Five Rings , Victor Harris 1974, Maa, vesi, tuli, tuuli ja tyhjyys, Samppa Lahdenperä 1983. Otava. Keuruu, Suomi. **

Nair, Kesahan. 1995. Johtamisen suuri haaste (A Higher Standard of Leadership: Lessons from the Life of Gandhi). Tietosanoma. Helsinki, Suomi.

Nissinen, Vesa. 2004. Syväjohtaminen. Talentum. Helsinki, Suomi.

Nonaka, Ikujiro & Takeuchi, Hirotaka. 1995. The Knowledge-Creating Company. Oxford University Press. Oxford, UK.

Partanen, Johannes. 2019. Mitä tiimivalmentajan tulee tietää innovoinnista? Tiimiakatemia Global Oy, Jyväskylä, Suomi.

Partanen, Johannes. 2022. Asiakas keskiössä. Tiimiakatemia Global Oy, Jyväskylä, Suomi.

Partanen, Johannes. 2022. Myynti ja markkinointi. Tiimiakatemia Global Oy, Jyväskylä, Suomi.

Partanen, Johannes. 2023. Kirja kirjoista 2022-23. Tiimiakatemia Global Oy, Jyväskylä, Suomi.

Partanen, Johannes. 2012. Tiimivalmentajan parhaat työkalut. Partus Oy. Jyväskylä, Suomi.

Partanen, Johannes. 2014. Välähdyksiä yksilön oppimisesta. Partus Oy. Jyväskylä, Suomi.

Partanen, Johannes. 2020. Kirja Kirjoista. Partus Oy. Jyväskylä, Suomi.

Peters, Tom. 1982. In Search of Excellence. Harper & Row. San Fransiso, USA.

Peters, Tom & Austin, Nancy. 1989 (1985). Intohimo menestykseen (a Passion for Excellence). WSOY. Helsinki, Suomi.

Peters, Tom. 1989. Luova kaaos 1 ja 2 (Driving on Chaos). Rastor. Helsinki, Suomi.

Pine II, Joseph B. & Gilmore, James H. 1999. The Experience Economy. Harvard Business School Publising. Boston, USA. **

Prashnig, Barbada (1997). Eläköön erilaisuus. Oppimisen vallankumous. Atena. Jyväskylä, Suomi.

Pirsig Robert M.1974. Zen ja moottoripyörän kunnossapito. WSOY. Helsinki, Suomi.

Quinn, Feargall. 1990. Asiakas ykköseksi (Crowing the Customer). Kauppiaiden kustannus. Helsinki, Suomi.

Rehn, Alf. 2018. Johtajuuden ristiriidat. Docendo. Jyväskylä, Suomi. *

Ries, Eric. 2011. The Lean Startup - How Today's Entrepreneurs Use Continuous Innovation to Create Radically Successful Businesses (Lean Startup – kokeilukulttuurin käsikirja). Random House. New York, USA. */**

Riley, Riley. (1993). The Winner Within. Berkley Books. New York, USA.

Ristikangas, Marjo-Riitta & Ristikangas, Vesa. 2010. Valmentava Johtajuus. WSOYpro. Helsinki, Suomi.

Robbins, Mel. 2017. The Second Rule. Savio REPVBLIC. USA.

Roddick, Anita. 1991. Body & Soul. Thorsons Publishers. London, UK.

Roddick, Anita. 2000. Business as Unusual. Thorsons Publishers. London, UK.

Saari, Oskari. 2016. Aki Hintsa   Voittamisen anatomia. WSOY. Helsinki, Suomi. *

Saari, Oskari. 2020. Petteri Nykky – Menestyksen tie. WSOY. Helsinki, Suomi. *

Saarikoski, Saska. 2017. Henrik Dettman ja johtamisen taito. WSOY. Helsinki, Suomi.

Sahlberg, Pasi. 2015. Suomalaisen koulun menestystarina. Intokustannus Oy. Helsinki, Suomi.

Salminen, Jari. 2013. Taitava tiimivalmentaja. J-Impact. Helsinki, Suomi.

Senge, Peter. 1990. The Fifth Discipline: The Art and Practice of the Learning Organization. Doubleday/Currency. New York, USA.**

Senge, Peter. 1999. The Dance of Change. Doubleday/Currency. New York, USA

Sewell, Carl.1990. Customers for Life. Peguin Hause. New York, USA.

Soback, Dan. 2021. Valmentava johtajuus. Basam Books Oy. Helsinki, Suomi.

Stanier, Michael Bungay. 2016. The Coaching habit: Say less, ask more and change the way you lead forever. Box of Crayon Press. **

Sutinen, Mika & Kuitunen, Mikko. 2018. Mahtava Moka. Alma Talent. Helsinki, Suomi.

Toivanen, Heikki. 2013. Kaverijohtamisen visuaalinen innostuskirja (Visual Inspiration Book for Friend Leaderhip). Pellervo. Helsinki, Suomi.

Tracy, Brian. 2002 (2017, 3rd edited version). Eat that frog. Berrett-Koehler Publications. Oakland, California, USA. **

Tuominen, Saku. 2014. Luova Järkevyys – Arkisen luovuuden ylitys. Otava. Helsinki, Suomi. *

Turtola, Martti. 2016. Mannerheim. Kustannusosakeyhtiö Tammi. Helsinki, Suomi.

Tzu, Sun. 500 ekr. The Art of War (Sodankäynnin taito). Englanniksi vuonna 1963 Samuel B. Griffith, suomeksi Heikki Karkkonen 1998. WSOY. Helsinki, Suomi.

Urzelai, Berrbizne & Vettraino, Elinor (edited by). 2021-2022. Routledge Focus on Team Academy: 1. Team Academy and Entrepreneurship Education; 2. Team Academy: Leadership and Teams; 3. Team Academy in Diverse Settings; 4. Team Academy in Practice. Routledge. Milton Park, Abingdon, Oxfordshire, UK.

Westerlund, Erkka. 2019. Elämän peliä. Fitra. Helsinki, Suomi.

Wickman, Gino & Winters, Mark C. 2015. Rocket Fuel. BenBella Books Inc. Dallas, USA.

Wilenius, Markku. 2015. Tulevaisuuskirja. Otava. Helsinki, Suomi.

von Wright , Henrik. 2002. Elämäni niin kuin sen muistan. Otava. Helsinki, Suomi.

Liite 1. Tiimiakatemian taustateorioissa ovat ainakin nämä kirjat

Peter Senge toi esille oppivat organisaatiot kirjallaan 5th Displine (1990). Dance of Change-kirjassa Peter Senge (1999) tuo esille tiimien merkityksen oppimisen rakentamisessa.

Ian Cunningham (1999) nosti esille oppijan oman vastuun omasta oppimisestaan ja esitteli oppimissopimusekn mallin kirjassaan The Wisdom of Strategic Learning.

Dryden & Voss (1997) toivat esille Oppimisen vallankumous-kirjassa elinikäisen oppimisen periaatteet.

Barbada Prashnig (1997) korostaa erilaisten oppijoiden merkitystä kirjassaan Eläköön erilaisuus – oppimisen vallankumous käytännössä.

Kirjan nimi, Dialogi ja yhdessä ajattelemisen taito (Willam Isaacs, 1999), on yksi parhaista mitä olen tavannut – ja sisältö on rautainen.

Katzenbach & Smith (1993) kuvaavat kirjassaan Tiimit ja tuloksekas yritys tiimin rakentamisen teorian.

Pat Riley (1994) kertoo The Winner Within käytännössä huipputiimin rakentamisen koripallomaailmassa.

Kouzes & Posner:n (1987) kirja The Leadership Challenge loi pohjan kaverijohtamisen kehittymiselle Tiimiakatemiassa.

John Kotterin (1996) kirja Muutos vaatii johtajuutta ja Nairin (1996) kirja Johtamisen suuri haaste loivat pohjaa johtajuuden kehittymiselle Tiimiakatemiassa.

Yrittäjyyden ja arvopohjan löytymiseen Tiimiakatemiassa vaikuttivat kirjat Jim Collins & Jerry Porras (1994) Built to Last; Arie deGeus (2002) The Living Company; John Kotter (1997) Matsushita Leadership ja Anita Roddick (2000): Business as Unusual.

Asiakas on aina ollut keskiössä kaikessa tekemisessä Tiimiakatemiassa. Siihen on vaikuttanut Quinn (1990) klassikkokirja Asiakas ykköseksi – sama kirja, mikä on K-ryhmän palveluasenteen kehittymisen taustalla. Elämystalouden klassikko, Pine & Gilmore (1999): The Experience Economy loi pohjan tiedon synnyttämiselle ja monipuoliselle asiakkaan kohtaamiselle. Tom Petersin & Nancy Austinin (1989) kirja Intohimo menestykseen, Anita Roddick (1994) kirja Body & Soul ja Carl Sewellin (1990) Customers for Life vaikuttivat asiakasajattelun kehittymiseen.

Nonakan ja Takeuchin (1995) kirja The Knowledge-Creating Company rakensi mallin tekemällä oppimisesta ja dialogista, joka hyvin keskeistä Tiimiakatemiassa.

Tom Petersin (1989) kirja luova kaaos 1 & 2 kannustaa kaaoksen hyödyntämiseen luovuudessa.

Henkistä kasvua Tiimiakatemiassa ovat tukeneet Coelhon kirjat Santiagon unelmat (1995) ja siitä muokattu Alkemisti (2002); De Mello: Kuuletko linnun laulun ja Viisauden välähdyksiä sekä Pirsig (1974) Zen ja moottoripyörän kunnossapito.

Teoreettinen viitekehys täydentyy jatkuvasti uusien kirjojen ilmestyessä. Tiimiakatemian perustaja Johannes Partanen julkaisee vuosittain Kirja kirjoista-opasta, jossa lähes 1000 parasta tiimioppimista tukevaa kirjaa.

Tiimioppimisen menetelmän Johannes Partanen (2012) on määritellyt kirjoissaan Tiimivalmentajan parhaat työkalut ja Välähdyksiä yksilön oppimisesta. Tiimiakatemian kehittymistä ja toimintaa kuvaa Timo Lehtonen (2013) kirjassaan Tiimiakatemia – kuinka kasvaa tiimiyrittäjäksi. Kirjani Kaverijohtamisen visuaalinen innostuskirja (2013) kertoo Tiimiakatemian johtamismallista.

Kirjan kirjoittajasta

Kirjan kirjoittajalla TkT Heikki Toivasella on erittäin monipuolinen työkokemus. Hän aloitti työuransa Savcorilla luomalla uutta liiketoimintaa Japaniin. Hänen samurai-sukua edustava pomonsa opetti Heikille liikemies- ja käyttäytymistavat. Suomeen palattuaan Heikki perehtyi myyntityöhön saman yrityksen liiketoimintavastaavan tehtävissä.

Siirryttyään Valmetin palvelukseen Heikki käynnisti uuden kaavinterä-liiketoiminnan, jonka liikevaihto kasvoi nollasta yli 10 miljoonaan euroon. Tältä ajalta Heikillä on 20 patenttia. Globaaleissa varaosaliiketoiminnan johtoryhmissä Heikki toimi 2000-luvun alkupuolella. Vuonna 2005 Heikki väitteli tekniikan tohtoriksi teemasta "Strateginen logiikka ja peli paperi- ja sellukonealalla 1970-luvulta 2000-luvulle".

Vuonna 2008 Heikki siirtyi Jyväskylän Ammattikorkeakoulun Tiimiakatemiaan tiimivalmentajaksi ja yliopettajaksi. Tänä aikana syntyi "Kaverijohtamisen visuaalinen innostuskirja". Vuonna 2014 Tiimiakatamia Global Oy kutsui hänet yrityksen toimitusjohtajaksi ja osakkaaksi. Tiimiakatemia Global Oy on valmentanut tuhansia opettajia, rehtoreita, asiantuntijoita ja johtajia.